Marina Picasso

Und trotzdem eine Picasso

Marina Picasso

Und trotzdem eine Picasso

Leben im Schatten meines Großvaters

In Zusammenarbeit mit
Louis Valentin

Aus dem Französischen
von Dora Toblach

List

Für meine Kinder von ganzem Herzen
und in alphabetischer Reihenfolge:

Dimitri
Flore
Florian
Gaël
May

»Um eine Taube zu malen,
muss man ihr zuerst den Hals umdrehen.«

PABLO PICASSO

Eins

Man kann sich Picasso nicht entziehen. Ich weiß das. Mir ist das nie gelungen, aber zu dem Zeitpunkt, als alles zusammenzubrechen drohte, wusste ich es noch nicht.

Es muss ein Uhr mittags gewesen sein. Ich war in Genf und saß am Steuer meines Autos. Ich fuhr meine Kinder Gaël und Flore in die Schule. In einem Strom von Autos rollte ich über den Quai Gustave-Ador. Zu meiner Rechten der Genfer See mit seiner berühmten Fontäne.

Der See … Die Autos … Die Fontäne … Und plötzlich diese Angstattacke. Überfallartig, bedrängend. Die Finger meiner Hand krampfen sich zusammen, heftig, fast schmerzhaft. Eine Hitzewelle steigt in meiner Brust auf. Mein Herz klopft zum Zerspringen. Meine Lungen pressen sich zusammen. Ich drohe zu ersticken. Der Tod steht mir vor Augen. Ich habe gerade noch Zeit, den Kindern zuzuflüstern, sie sollen ganz ruhig bleiben, dann breche ich zusammen, mein Kopf fällt aufs Steuer. Ich bin vor Schrecken wie gelähmt. Ist es so, wenn man verrückt wird? Ist es so, wenn man stirbt?

Ich habe meinen Wagen mitten auf der Straße zum Stehen gebracht. Ein Strudel von Autos fährt ganz nah an meinem vorbei, sie hupen wild, um mich zum Weiterfahren zu bewegen. Keiner hält an, um zu fragen was mit mir passiert ist.

Nach einer halben Stunde in Angst und Verzweiflung gelingt es mir endlich, mein Auto ein Stück weiterzufahren und es am Straßenrand zu parken, mich zu einer Tankstelle zu schleppen, die nur wenige Schritte entfernt ist. Ich muss den Rettungsdienst anrufen. Ich will nicht, dass man mich ins Krankenhaus bringt. Was soll aus meinen beiden Kindern werden?

»Sie sollten sich einer Psychotherapie unterziehen«, hat der Notarzt zu mir gesagt. An dem Punkt, wo ich jetzt bin, habe ich nichts mehr zu verlieren. Ich muss wieder zu mir selbst finden, und die Symptome, die mich so quälen und von Tag zu Tag schlimmer werden, müssen endlich aufhören.

So fing es an mit meiner Analyse. Sie sollte vierzehn Jahre dauern.

Vierzehn Jahre, in denen ich fast in meinen Tränen erstickte, in denen ich mich ohnmächtig fühlte, zum Heulen, in denen ich mich im Schmerz gewunden habe, in denen ich Schritt für Schritt die Vergangenheit noch einmal aufgerollt, noch einmal durchlebt habe, was mich zerstört hat, in denen ich geschwiegen und gestammelt habe, um schließlich all das herauszubringen, was das kleine Mädchen und dann die Heranwachsende im tiefsten Inneren ihrer Selbst gewesen war – und wer dieses Selbst zerfressen hatte.

Vierzehn Jahre Unglück für ebenso viele Jahre in Ungnade.

Und alles wegen Picasso.

Haben schöpferische Menschen das Recht, all diejenigen, die ihnen nahe stehen, zu vernichten und in die Verzweiflung zu treiben? Muss ihre Suche nach dem Absoluten tatsächlich mit einem unstillbaren Machtwillen gekoppelt sein? Ist ihr Werk, wie grandios auch immer es sein mag, tatsächlich ein so großes Opfer an Menschenleben wert?

Keines meiner Familienmitglieder hat sich auch nur einen Augenblick dem Würgegriff dieses Genies entziehen können, das ständig neues Blut benötigte, um seine Werke damit zu signieren: das Blut meines Vaters, meines Bruders, meiner Mutter, meiner Großmutter, das meine und das all derer, die in dem Glauben, einen Menschen zu lieben, Picasso geliebt haben.

Unter dem Joch seiner Tyrannei wurde mein Vater geboren, und so fand er den Tod. Betrogen, enttäuscht, erniedrigt und zerstört. Unwiederbringlich.

Mein Bruder Pablito war ein Spielzeug von Picassos Sadismus und seiner Gleichgültigkeit, und er nahm sich im Alter von vierundzwanzig Jahren das Leben, indem er eine Flasche Javellelauge austrank. Ich war es, die ihn in seinem Blut liegend fand, Speiseröhre und Kehlkopf verätzt, der Magen kaputt und das Herz gebrochen. Ich war es, die ihm neunzig Tage lang im Krankenhaus in Antibes die Hand gehalten hat, wo er in einem langen Todeskampf dahinsiechte. Mit dieser heftigen Geste wollte er dem Leiden ein Ende bereiten, die Klippen umgehen, die noch auf ihn warteten. Und die auch mir auflauerten: Wir waren Picassos, Totgeborene, die in einer Falle saßen, in einer Spirale aussichtsloser Hoffnungen.

Auch meine Großmutter Olga hat ihrem Leben ein Ende gesetzt, erniedrigt, degradiert durch so viele Akte des Verrats, am Ende gelähmt, und mein Großvater ist nicht ein einziges Mal gekommen, um sie an ihrem einsamen Krankenbett zu besuchen. Aber sie hatte einst alles für ihn aufgegeben: ihr Land, ihre Karriere, ihre Träume und ihren Stolz.

Meine Mutter trug den Namen Picasso, als sei er eine Auszeichnung, ein Orden, der sie auf die höchsten Stufen der Paranoia erhob. Als sie meinen Vater heiratete, heiratete sie Picasso. In ihren Anwandlungen von Stolz wollte sie es nicht wahrhaben, dass er sie nicht bei sich empfangen und ihr auch nicht das »großartige« Leben bieten wollte, das sie verdient hatte. Zerbrechlich, verloren und aus dem Gleichgewicht gebracht, musste sie sich nun mit einem Teil der mageren wöchentlichen Unterstützung begnügen, die mein Großvater als Unterhalt für seinen Sohn und seine beiden Enkelkinder, die alle unter seiner Herrschaft standen und in Armut lebten, überwies.

Ich wünschte mir so sehr, eines Tages ohne diese Vergangenheit leben zu können, ohne diese Krücken zu gehen.

Ein Donnerstag im November. Mein Vater hält mich an der Hand. Ohne ein Wort zu sagen, geht er auf das Portal zu, das sich vor uns erhebt und das Haus meines Großvaters abschirmt. Mein Bruder Pablito geht ein paar

Schritte hinter uns her, die Hände auf dem Rücken verschränkt. Ich bin sechs Jahre alt, Pablito ist noch nicht ganz acht.

Mein Vater läutet am Gartentor. Ich habe Angst, wie bei jedem Besuch. Ein Geräusch von Schritten, ein Schlüssel dreht sich im Schloss, und im Spalt des Gartentors erscheint der Kopf des Hausmeisters von La Californie, eines alten Italieners, der vom Alter und den Jahren des Dienens gezeichnet ist. Er mustert uns und sagt zu meinem Vater:

»Monsieur Paul, sind Sie zu dieser Zeit angemeldet?«

»Ja«, stammelt mein Vater. Er hat meine Hand losgelassen, damit ich nicht merke, dass die seine feucht geworden ist.

»Dann ist es gut«, antwortet der alte Hausmeister, »ich will sehen, ob der Meister Sie empfangen kann.«

Das Gartentor schließt sich wieder hinter ihm. Es regnet. Die Luft duftet nach Eukalyptus, diesen herrlichen Bäumen mit der rissigen Rinde, die den kleinen Weg säumen, wo wir auf die günstige Laune des Meisters warten müssen.

Wie vergangenen Samstag. Und wie am Donnerstag zuvor.

In der Ferne bellt ein Hund. Das ist bestimmt Lump, der Dackel meines Großvaters. Er mag mich gern und lässt sich immer von mir streicheln.

Die Wartezeit wird zur Ewigkeit. Pablito hat sich zu mir gesellt, um mich zu trösten und sich nicht so allein zu fühlen. Mein Vater hat seine Zigarette zu Ende geraucht. Er macht sie aus und zündet sich eine neue an. Seine Finger sind gelb vom Nikotin.

»Ihr solltet lieber im Auto warten«, flüstert er uns zu, als fürchtete er, dass ihn jemand hören könnte.

»Nein«, antworten wir im Chor. »Wir bleiben bei dir.«

Unsere Haare kleben uns vom Regen am Kopf. Wir fühlen uns schuldig.

Wieder hören wir den Schlüssel im Gartentor und sehen den alten Italiener mit dem faltigen Gesicht. Er senkt den Blick. Mit mutloser Stimme gibt er uns zu verstehen, als hätte man ihm selbst eine Lektion erteilt:

»Der Meister kann Sie heute nicht empfangen. Madame Jacqueline hat mich gebeten, Ihnen zu sagen, dass er arbeitet.«

Selbst er fühlt sich an der Nase herumgeführt. Er ist beschämt.

An wie vielen Donnerstagen haben wir am geschlossenen Gartentor von La Californie, das wie eine Festung gesichert ist, die Worte hören müssen »der Meister arbeitet«, »der Meister schläft«, »der Meister ist nicht da«? Manchmal war es auch Jacqueline Roque, die spätere und ergebene Madame Picasso, die mit dem Satz aufwartete: »Die Sonne wünscht nicht, dass man sie stört.«

Wenn es nicht die Sonne war, dann war es *Monseigneur* oder der große Meister. Wie hätten wir die Unverschämtheit aufbringen können, ihr gegenüber unser Unbehagen und unsere Erniedrigung kundzutun?

An jenen Tagen, da das Gartentor sich öffnete, gingen wir, mein Vater voran, über den kiesbestreuten Hof auf die Außentreppe zu. Ich zählte jeden Schritt, wie man einen Rosenkranz abbetet. Um genau zu sein, es waren sechzig Schritte, die wir zögernd hinter uns brachten.

In der Festung des Riesen, einer richtigen Höhle des Ali Baba, herrschte eine gigantische Unordnung: haufenweise Gemälde in allen möglichen Stilrichtungen, die auf Staffeleien herumstanden, Skulpturen an allen Ecken und Enden, Holzkisten, aus denen afrikanische Masken hervorquollen, Umzugskartons, alte Zeitungen, Spannrahmen mit frischen Leinwänden, Konservenbüchsen, Keramikfliesen, Sesselbeine, in denen Tapetennägel steckten, Musikinstrumente, Fahrradlenker, beschnittene Profilbleche und an den Wänden Stierkampfplakate, stapelweise Zeichnungen, Porträts von Jacqueline und Stierköpfe …

In diesem wilden Durcheinander mussten wir erneut warten und fühlten uns ziemlich unerwünscht. Mein Vater goss sich ein Glas Whisky ein und trank es in einem Zug aus. Natürlich wollte er sich damit Mut antrinken, um die Haltung zu bewahren. Pablito setzte sich auf einen Stuhl und tat so, als spielte er mit einem Bleisoldaten, den er aus seiner Hosentasche gezogen hatte.

»Macht vor allem keinen Lärm und fasst nichts an!«, beschwor uns Jacqueline, die sich zu uns ins Zimmer geschlichen hatte. »Die Sonne wird gleich zu uns herunterkommen.«

Esméralda, die Ziege meines Großvaters, folgt ihr auf dem Fuße. Esméralda darf alles: im gesamten Haus herumspringen, ihre Hörner an den Möbeln wetzen, ihre Kotkugeln auf Picassos Zeichnungen und Bilder fallen lassen, die überall auf dem Boden verstreut liegen.

Esméralda ist hier zu Hause. Wir sind Eindringlinge.

Dann schallendes Gelächter, lautes Stimmengewirr … Heroisch und donnernd gibt mein Großvater seinen Auftritt auf der Bühne.

Mein Großvater? Wir dürfen ihn nicht Großvater nennen. Das ist streng verboten. Wir müssen ihn Pablo nennen. Wie alle anderen auch. Ein »Pablo«, das keineswegs die Grenzen aufhebt, sondern uns in Furcht erregendem Abstand hält. Eine Demarkationslinie zwischen dem unerreichbaren Demiurgen und uns.

»Guten Tag, Pablo!«, ruft ihm mein Vater entgegen und geht auf ihn zu. »Hast du eine angenehme Nacht gehabt?«

Auch er muss ihn Pablo nennen.

Pablito und ich laufen zu ihm und schmiegen uns an seine Brust. Wir sind Kinder. Wir brauchen einen Großvater.

Er tätschelt uns den Kopf, wie man einem Pferd den Hals klopft.

»Na, Marina, nun erzähl mal, bist du brav gewesen? Und du, Pablito, wie geht es bei dir in der Schule?«

Fragen, die keine Antwort verlangen. Eine Pflichtübung, um uns für einen Augenblick, der ihm gerade genehm ist, zutraulich zu machen.

Er nimmt uns mit in den Raum, in dem er gerade malt: Atelier für einen Tag, eine Woche oder einen Monat, bis er sich wieder ein anderes Zimmer aussucht, dann wieder ein anderes, ganz nach den Möglichkeiten, die das Haus ihm bietet. Ganz nach dem Belieben seiner Inspiration. Ganz nach dem Belieben seiner Launen.

Es gibt keine Verbote. Wir dürfen seine Pinsel anfassen, in seine Hefte zeichnen, uns mit Farbe beschmieren, das amüsiert ihn.

»Ich werde euch mit etwas überraschen«, sagt er lachend.

Er reißt ein Blatt aus seinem Skizzenbuch, faltet es

mehrmals mit einer Wahnsinnsgeschwindigkeit, und wie durch Zauber entsteht unter seinen Händen ein kleiner Hund, eine Blume, ein Papiervogel.

»Gefällt's euch?«, fragt er mit seiner rauen Stimme.

Pablito sagt nichts und ich stammle.

»Das ist … das ist sehr hübsch!«

Wir würden die Figuren gerne anfassen und sie mit nach Hause nehmen, aber das dürfen wir nicht.

Sie sind das Werk von Picasso.

Damals verstand ich noch nicht, dass diese Figuren aus Papier, aus Pappe oder aus Streichholzenden zusammengesetzt, all diese Köder, die er wie ein Illusionist modellierte, zu einem ehrgeizigen Plan gehörten, den ich heute gespenstisch finde: nämlich uns auf unbewusste Weise klarzumachen, dass er alles vermochte und wir gar nichts waren. Und das mit einem einfachen Handgriff, der ein Stück Papier formte, mit einem Scherenschnitt, der ein Stück Pappe verwandelte, mit einem Farbtupfer, der einem Faltengebilde Gestalt gab. Heidnische, zerstörerische Figuren, die uns zunichte machten.

Gleichzeitig bin ich immer noch überzeugt, dass er sich allein fühlte und die verlorene Zeit wieder einholen wollte. Nicht unsere gegenwärtige, sondern die seiner Kindheit, damals in Malaga, wo er mit wenigen Strichen aus dem Nichts Fantasiefiguren entstehen ließ, um seine Cousinen Maria und Concha damit zu bezaubern. Ein solches Publikum machte ihm Spaß, wie Pablito und ich ihm Spaß machten, weil wir modellierbares Material waren, noch nicht abgenutztes Material, das er ganz nach seinen Launen manipulieren konnte, unter Missachtung seiner eigenen Realität in Form bringen und als integralen Bestandteil seines Werkes betrachten konnte. So ist er auch mit seinem Sohn Paulo umgegangen, und zwar von frühester Kindheit an, als er seine *Paulo auf einem Esel, Paulo mit einem Lamm, Paulo mit einem belegten Brot, Paulo als Torero, Paulo als Harlekin* malte …

Bevor er aus ihm später diesen schwachen Vater machte, wie ich ihn in meiner frühen Kindheit in La Californie erlebt habe, wo wir nun zu Besuch sind.

Mein Vater, der bei uns ist wie jedes Mal bei diesen Besuchen, wagt nicht, diese besonderen Augenblicke, die wir mit unserem Großvater verbringen dürfen, zu stören. Verstohlen geht er vom Atelier in die Küche. Sein Blick ist unruhig und fiebrig. Er gießt sich ein neues Glas Whisky ein oder kommt aus der Küche mit einem Glas Wein zurück. Er trinkt zuviel. Das hilft ihm, die Anspannung auszuhalten. Gleich wird er sich an meinen Großvater wenden, ihn um Geld für uns und meine Mutter bitten, um das Geld, das Picasso ihm – und diese Worte tun mir weh – für seine getreuen Dienste schuldet, die sich darauf beschränken, seinen Chauffeur zu spielen, der wochenweise bezahlt wird, sein Faktotum ohne eigene Existenzgrundlage, seine Marionette, der er gern die Schnüre durcheinander bringt, und sein Prügelknabe.

»Hör zu, Paulo, ich finde deine Kinder nicht besonders lustig. Sie müssten sich von ihren Verklemmungen befreien.«

Nur den Zauber nicht brechen und alles dazu tun, dass es gut abläuft. Für meinen Vater und meine Mutter, die gleich fragen wird, ob alles gut verlaufen ist, müssen wir das Spiel unseres Großvaters mitmachen und Picasso gefallen.

Er setzt sich einen Hut auf, der auf einem Stuhl herumlag, wirft sich ein Cape um, das an einem Kleiderhaken hing, und hüpft herum wie ein wild gewordener Hampelmann. Verrückt und außer sich stößt er Schreie aus und klatscht in die Hände.

»Los!«, sagen uns seine Augen, »macht es wie ich! Spielt mit und seid fröhlich.« Wir klatschen in die Hände und spornen ihn an bei seinen Clownerien. Mein Vater tritt zu uns, die Zigarette im Mundwinkel hängend, die Augen vom Rauch leicht gerötet, und feuert seinen Vater ebenfalls an:

»Anda, Pablo! Anda, anda!«

Ein Beifall auf Spanisch: Das ist die Sprache der Picassos, das einzige Zeichen der Zusammengehörigkeit zwischen dem allmächtigen Vater und dem erniedrigten Sohn.

Mitgerissen von der Stimmung greift sich mein Großvater einen Holzlöffel vom Tisch und einen Putzlappen aus der Küche: sein Degen und seine Muleta. Seine Augen funkeln wild, er führt vor uns ein paar Passagen aus: manolinetas, chicuelinas, verónicas, mariposas, immer angespornt durch das »Olé« meines Vaters, in das auch ich bald einstimme.

Nur Pablito schweigt und wendet die Augen ab. Sein Gesicht ist aschfahl. Genau wie ich wäre er gern Kind in einer ganz normalen Familie mit einem verantwortungsbewussten Vater, einer nachsichtigen Mutter und einem Großvater, der so ist, wie man Großväter aus Bilderbüchern kennt. Eltern, die zuhören können, einem mit Rat und Tat zur Seite stehen, für eine gute Erziehung sorgen und ihre Kinder auf das Leben vorbereiten. Nichts von alledem bei Pablito und mir. Von Anfang an bestanden unsere Getränke nicht aus Milch, sondern aus einem Gift, das man uns Tag für Tag einflößte, das Gift Picasso, das Gift des Machtmenschen Picasso, des Übermenschen, der sich alles erlauben durfte und uns alle kaputt machte, das Gift dieses Genies, dessen Spielzeug wir waren. Wie konnte man angesichts solcher Bilder sein Selbst aufbauen? Wie sollte man sich heiter und ausgeglichen fühlen angesichts eines Großvaters, der den ganzen Raum für sich beanspruchte? Angesichts eines Vaters, der vor ihm den Rücken krumm machte? Angesichts einer Mutter, die uns gleich nach unserer Rückkehr mit Fragen über »den Besuch des Jahrhunderts« bombardieren würde, zu dem sie wohlgemerkt »keiner einladen wollte«?

Der Ostwind hat die Wolken weggeblasen, und langsam kommt die Sonne hervor, die das Zimmer in ein mildes Licht taucht. Mein Vater hat immer noch nicht den Mut aufgebracht, mit meinem Großvater über das Geld zu reden. Warum ihn verstimmen? Er hat doch so gute Laune.

Heute kann ich mir seine inneren Qualen sehr gut vorstellen, die er durchlitten haben muss, wenn er zu meinem Großvater ging. Er, der in seinen frühen Lebensjahren so vergöttert und verwöhnt wurde, bedeutete Picasso jetzt nicht mehr besonders viel. Was war aus dem Harlekin geworden, der für ihn in seinem Kostüm aus gelben und blauen Rauten und einem Tüllkragen um den Hals

Modell gesessen hatte? Haben Picassos Anhänger je bemerkt, wie traurig dieser Harlekin auf dem Gemälde aussieht? Wie sehr sein Blick um ein wenig Liebe bettelt? Wie genau er schon damals gewusst hat, dass er nicht groß werden dürfte?

Mit zehn Jahren, mit zwanzig Jahren hätte mein Vater diesem Fluch noch entkommen können. Mit zehn Jahren, mit zwanzig Jahren hätte er noch die Kraft gehabt, seine Haut zu retten. Wenn er dies nicht getan hat, so war es unbewusst. Er muss sich darüber im Klaren gewesen sein, dass er Picasso, wenn er ihn verließ, um ein Stück seines Werkes brachte, ihn amputierte und seine Kräfte schwächte. Schon bevor sein Vater ihm die Flügel gestutzt hatte, konnte er nicht weggehen. Als einziger Sohn durfte er nicht weggehen. Er war ein Baustein im Puzzle Picasso genau wie jedes seiner Gemälde. Um dieses Puzzle nicht zu zerstören, wies er nach dem Tod seiner Mutter seinen Anteil am Erbe, der ihm zugestanden hätte, zurück. Er verzichtete darauf, weil er sich nicht das Recht zubilligte, Picasso diesen Teil seines Werkes wegzunehmen, denn Picasso war sein Gott.

Alles, was dieser Gott sagte, war Evangelium, Beleidigungen und Entwürdigungen eingeschlossen. Eines Tages hat Picasso in meiner Anwesenheit zu ihm gesagt: »Sich die Nägel mit einer Feile zu kürzen, ist lächerlich. Mach es wie ich, schleife sie an einer Mauerecke ab!« Ich habe es meinen Vater so machen sehen, seit ich ein kleines Mädchen war. Ich lief rot an und war ganz krank vor Scham. Ich habe auch mit angesehen, wie er seine Gabel weglegte und seine Seezunge mit bloßen Händen aß, weil sein Vater es genauso machte.

Picasso zum Vorbild zu nehmen, war eine Auszeichnung.

Großvater hat die Glastüren geöffnet, die zum Garten hinausgehen, wo zwei Zwergziegen im hohen Gras herumtollen. Esméralda ist mit einer Kette am Schwanz ihrer Bronzenachbildung, einer Skulptur meines Großvaters, festgebunden und wehrt die Attacken von Lump, dem Dackel, ab, der versucht, ihr in die Beine zu beißen. Jan, der alte Boxer, der allmählich das Augenlicht verliert, trottet auf Pablito zu, um ihm die Hand zu lecken.

Meine Brust füllt sich mit einem Gefühl der Freude, und mein Herz wird ganz weit. Zum ersten Mal seit unserer Ankunft können Pablito und ich endlich richtige Kinder sein.

Das Bild des Gartens von La Californie mit Pablito, der mich an der Hand hält, bleibt für mich die schönste Erinnerung, die ich von meinen Besuchen bei Picasso bewahrt habe. Im Sommer mischte sich der Duft der Rosmarinsträucher mit dem des Ginsters, die Winden rankten sich an den blühenden Mimosenzweigen empor, der Klatschmohn, die Butterblumen und die Levkojen blühten in dicken Sträußen. Wild wachsende Gräser, üppige Grünpflanzen und duftende Ziersträucher, über denen sich wie ein Schutzschild Palmen, Pinien, Zypressen und Eukalyptusbäume in den blauen Mittelmeerhimmel erhoben. Inmitten dieses Areals, das man bewusst dem Wildwuchs überlassen hatte, nistete ein ganzes Volk von Skulpturen aus Gips, Ton und Bronze: ein Affenweibchen, ein Haupt, eine schwangere Frau, eine Büste von Marie-Thérèse Walter, eine Katze, eine Eule, Keramiken, Töpferarbeiten, von denen einige von einem eigenartigen Schaum überzogen und angefressen waren, andere frisch aus dem Brennofen stammten.

Ich erinnere mich auch an den Papagei, der auf seiner Stange hin und her hüpfte, an die Schmetterlinge, die von Blume zu Blume flogen, die Tauben, die Turteltauben und die Brieftauben, die bei jeder unserer stürmischen Bewegungen aufflogen und sich in ihren Schlag unter dem Dach zurückzogen.

Im Frühling suchten wir ein geheimes Plätzchen auf, das mit Veilchen übersät war. Ein paradiesischer Winkel, der nur uns gehörte.

Es ist Zeit zu gehen. Vor dem Tisch stehend, wo Großvater vor den Überresten seines Frühstücks sitzt, das er in aller Eile zu sich genommen hat, während wir draußen gespielt haben, linsen wir zu dem Korb mit Trockenfrüchten vor unserer Nase. Wir haben noch nichts gegessen und sind hungrig. Großvater ist unser Blick nicht entgangen. Lächelnd nimmt er eine Dattel und eine Feige aus dem Korb, die er mit seinem Taschenmesser halbiert. Mit der Handkante knackt er eine Walnuss, enthäutet die Nusskerne und drückt sie in die Dattel und die Feige, die er zwischen die Finger nimmt, um sie zu einem Ganzen zusammenzupressen.

»Kommt her«, sagt er zu uns und lächelt wieder.

Wir gehen näher auf ihn zu, schüchtern und mit halbgeschlossenen Augen, öffnen weit den Mund. Sanft, beinahe weihevoll legt Großvater die Leckerei hinein.

Eine Art Eucharistie.

Ein kostbarer Liebesbeweis.

Schließlich hat mein Vater es doch noch geschafft, mit seinem Vater zu sprechen: ein langes Getuschel, das hinten im Atelier stattfand, die Begegnung zwischen einem Hünen von einem Meter neunzig und einem Zwerg von kaum einem Meter sechzig. David gegen Goliath, die Konfrontation zwischen einem resignierten Riesen und einem heiligen Monster. Die Hand meines Großvaters, die in seine Hosentasche fährt, ein Bündel Geldscheine, das mein Vater verstohlen annimmt, ein »Danke, Pablo« und sofort die perfide Reaktion:

»Du bist unfähig, für deine Kinder aufzukommen. Du bis unfähig, deinen Lebensunterhalt zu verdienen! Du bist unfähig, überhaupt irgendetwas zu machen! Du bist mittelmäßig und wirst immer mittelmäßig bleiben. Du vergeudest nur meine Zeit!«

Mit einem Wort: »Ich bin *El Rey*, der König, und du, du bist meine Sache!« Eine Sache, die er langsam und systematisch ruiniert hat, sodass sie nicht mehr in der Lage war, irgendetwas zuwege zu bringen, und seine Eigenliebe nicht verletzen konnte.

Erst später, sehr viel später, sollte ich erfahren, dass die mit Walnuss gefüllten Feigen und Datteln, die Großvater uns unweigerlich bei jedem Besuch anbot, »Bettler« genannt wurden.

Bestimmte Dinge sollte man besser niemals erfahren.

Zwei

»Paul Picasso, sind Sie bereit, Émilienne Lotte zur Frau zu nehmen?«

Eines Tages haben meine Mutter und mein Vater vor dem Bürgermeister ihren Willen bekundet, sich für den Rest des Lebens zu verbinden. Mit ihrem gegenseitigen »Ja« haben sie sich Liebe und Treue geschworen und das Versprechen abgegeben, ihren Kindern Liebe, Schutz und Unterhalt zu bieten.

Pablito und ich haben dieses Glück nicht gehabt. Paul Picasso und Émilienne Lotte, die zu ihrem großen Stolz Madame Picasso geworden war, haben sich getrennt, als ich sechs Monate alt war und mein Bruder beinahe zwei Jahre alt. Das Zerbrechen ihrer Beziehung war nur folgerichtig, es entsprach der Ordnung der Dinge. Meine Mutter und mein Vater hatten beide nicht das Talent, glücklich zu sein und uns glücklich zu machen.

Mein Bruder und ich saßen auf den hinteren Sitzen im Oldsmobile, der herrschaftlichen Limousine, die Großvater meinem Vater zur Verfügung gestellt hatte, damit er ihn darin herumfahren konnte, als wir La Californie und Cannes verließen, um nach Golfe-Juan zurückzufahren, wo uns unsere Mutter erwartete.

Im Rückspiegel sehe ich die Augen meines Vaters. Es ist ein leerer Blick. Voller Verzweiflung.

Niemals habe ich ihn lachen oder einfach nur glücklich gesehen. Wenn alles gut lief in La Californie, dann war er manchmal albern oder überdreht, aber das war nicht natürlich. Er tat es nur, um Picasso zu gefallen, seinem Wunsch nachzukommen, sein Wunschbild zu werden. Eigene Wünsche hatte er nicht. Er hatte sie für immer vertrieben, um sich nach und nach von einem Gott vereinnahmen zu lassen, mit dem er sich identifizieren konnte. Wie sollte man zu sich selbst finden, wenn man das Bild eines monströsen Vaters in sich hatte, der vernichtet, sich gleichgültig zeigt und erniedrigt? Wie sollte man zu einem verantwortungsbewussten Mann heranwachsen, wenn dieser anmaßende Vater es sich leisten konnte, bei einem Restaurantbesuch lediglich das Papiertischtuch zu signieren, um eine Rechnung für vierzig Personen zu bezahlen? Wie sollte man eine geordnete Lebensweise für sich entwickeln, wenn man mit anhören musste, wie dieser Vater sich brüstete, dass er ein Haus kaufen könne, ohne einen Notar zu bemühen, und dieses mit drei Bildern bezahle, die er hochmütig als »drei Scheißkleckse-reien, in der Nacht hingehauen« bezeichnete?

Wie sollte man mit solchen Bildern vor sich ein Selbstbewusstsein entwickeln? Wie sollte man angesichts solcher Blasphemien Respekt vor sich selbst und vor dem Leben entwickeln?

Lange Zeit hat mein Vater den Wunsch gehegt, Motorradrennen zu fahren. Ihn berauschte die Geschwindigkeit, der Lärm, der Wind in den Haaren, Kurven von 45 Grad zu nehmen, die Gefahr in jedem Augenblick zu spüren. Seine *Norton Manx* war sein ganzer Stolz und bereitete ihm viel Spaß. Sie gehorchte ihm, bildete eine Einheit mit seinem Körper, bäumte sich beim leichtesten Gasgeben auf. Mit ihr konnte er die Herrschaft seines Vaters in Frage stellen, sich von ihm befreien, endlich ein Picasso werden. Wie sollte man sich zwei Picassos in derselben Familie vorstellen, ohne von dem Verbrechen der Majestätsbeleidigung zu reden?

»Nein«, hat ihm mein Großvater geantwortet. »Ich fordere dich auf, diese Dummheit aufzugeben. Das ist ein Befehl. Ich will nicht, dass du dich umbringst. Und überhaupt, ich habe Angst vor der Geschwindigkeit.«

Und ein anderes Mal: »Steig nie wieder da drauf. Du bist ein bürgerlicher Anarchist, der von einem Taugenichts gedoubelt wird.«

Françoise Gilot hat in ihrem Buch *Leben mit Picasso* mit wenigen Worten dargestellt, wie die Rebellion aus meinem Vater hervorbrach, als Picasso ihn dermaßen verhöhnte.

Sie schreibt, dass »er es leid war, von seinem Vater immer nur zu hören, er tauge nichts«, und daher erklärte er, »dass es zumindest etwas gäbe, was er wirklich könne: Motorradfahren. Er beteiligte sich an einem Motorradrennen, das von Monte Carlo aus über die Kurven der Grande Corniche verlief, und er konnte sich mitten unter professionellen Rennfahrern als Zweiter placieren.«

Das ist wohl eines der wenigen Male, wo mein Vater Picasso die Stirn geboten hat, eines der wenigen Male, wo er ihm gezeigt hat, dass er nicht das Wichtigste in seinem Leben war, wo er ihm mit aller Deutlichkeit zu verstehen gegeben hat, dass der Mensch nicht unbedingt genauso funktionierte wie seine geheiligte Malerei, die jeder zu beweihräuchern hatte.

Mein Vater hat es niemals geschafft, sich eine Bresche zu schlagen, die es ihm gestattet hätte, ein Mann zu werden. Schon für den kleinen Jungen war die Zukunft zum Scheitern verurteilt. Um gegen meine Großmutter Olga aufzubegehren, die er nicht mehr leiden mochte, rächte sich mein Großvater an ihr, indem er ihren gemeinsamen Sohn gegen sie aufhetzte. Am Anfang machte er das mit kleinen Aktionen.

Fast unmerklich, machiavellistisch.

Als mein Vater sechs Jahre alt war und gerade lernte, sich unter dem gestrengen Blick seiner Mutter richtig bei Tisch zu benehmen, kam Picasso einmal vorbei, gut gelaunt, und steckte Paulo ein Spielzeugauto in die Hand. Mein Vater hatte die Botschaft sehr wohl verstanden, schaute seine Mutter trotzig an und ließ das Auto in seinen gefüllten Suppenteller hineinfahren. Was machte es schon, dass die Mutter, die ihrem einzigen Sohn eine gute Erziehung zukommen lassen wollte, darüber ziemlich entsetzt war? Hier war nur der Vater wichtig und die Lust, die dieser Vater darin verspürte, sein Kind gegen die Frau aufzuwiegeln, die er hasste und die mein Vater sicherlich geliebt hätte, wenn Picasso sie nicht unablässig diffamiert hätte.

Es ist schwer, irgendeine Motivation aufzubringen, sich daraus zu befreien, wenn die einzigen Lektionen, die man je gelernt hatte, sich darauf zusammenfassen ließen: »Wozu soll es gut sein, in der Schule zu lernen, das führt ja doch zu nichts. Als ich in Malaga in der Klosterschule von San Rafael war, wohin mich meine Eltern in letzter Verzweiflung geschickt hatten, war ich in allen Fächern schlecht. Das hat mich aber nicht daran gehindert, erfolgreich zu werden.«

Oder er sagte: »Versuche immer, etwas zu leisten, aber ich weiß, dass es völlig sinnlos ist.«

Ich habe nicht vor, schlecht über Picasso zu reden. Mein Anliegen ist vielmehr, eine Erklärung zu finden für den langen Kreuzweg, den ich zurücklegen musste, um das Bild eines Mannes zurechtzurücken, der unfähig ist zu lieben. Ich möchte begreiflich machen, was die Opfer eines Virus durchlitten haben, welches an das Virus *I love you* erinnert, das zu Beginn des Jahres 2000 das Internet verseucht hatte.

Das Virus *I love you-Picasso*, das uns befallen hatte, wirkte genauso subtil, genauso wenig erkennbar. Es war eine Mischung aus nicht eingehaltenen Versprechungen, Machtmissbrauch, Kränkungen, Demütigungen, vor allem aber aus Kommunikationsunfähigkeit. Es lähmte den Willen meines Vaters, beeinträchtigte das Urteilsvermögen meiner Mutter, zerstörte die Gesundheit meiner Großmutter Olga und – wenngleich Kinder auch enorm viel Kraft haben – warf meinen Bruder und mich unablässig in den Zustand von Kleinkindern zurück. Angesichts dieses Virus waren wir wehrlos.

Wie sollten wir ein Gegenmittel finden, wenn unseren zaghaftesten Versuchen immer und überall der schreckliche Satz entgegenstand: »Was auch immer ihr unternehmt, ihr kommt da nicht lebend heraus!«?

Es war nicht unbedingt Picasso selbst, der uns mit diesem Verdikt mundtot machte. Es waren ebenso all die Leute, die meinem Großvater Macht zumaßen, diejenigen, die ihn glorifizierten, mit einem Heiligenschein umgaben, in den Status eines Gottes erhoben: die Experten, die Kunsthistoriker, die Konservatoren, die Kunstkritiker, ganz zu Schweigen von den Kurtisanen, den Parasiten, den Katzbucklern, die dermaßen beeindruckt waren von all dem, was mein Großvater mit einer solchen Leichtigkeit machte, dass es in ihnen die großartigsten Fantasien nährte. Wen interessierte es schon, ob mein Großvater glücklich oder unglücklich war, was einzig zählte, war seine Macht, sein Herrschaftsreich, das Vermögen, das er repräsentierte und das aus ihm eine spektakuläre Person machte.

Ich habe lange, und ohne zu wissen warum, eine große Zuneigung zu den Clochards empfunden. Es scheint eine ähnliche Konstellation gewesen zu sein, als Expräsident Clinton einen Clochard empfing, der an der Universität zu seinem Examensjahrgang gehört hatte und der, wie Clinton meinte, denselben Weg hätte gehen können wie er selbst. Kurz gesagt, die Geschichte von Herr und Knecht.

Auf jeden Fall hat mich diese Geschichte zutiefst berührt. Ich stellte mir meinen Großvater als Clochard unter den Brücken von Paris vor, der Stadt, die er so sehr liebte. Ich stellte ihn mir in seinem alten Schlafsack vor, völlig verdreckt und zerlumpt, aber so reich in seinem Herzen und so anrührend. Ich sprach mit ihm über Gott und die Welt, erklärte ihm, dass ich seine Enkelin sei und nichts anderes wollte, als ihn zu lieben.

Solange ich lebe, werde ich es bedauern, dass ich mit meinem Großvater nicht so habe sprechen können, wie ich es mir gewünscht hätte. Wie schön wäre es gewesen, wenn dieses Ungeheuer von einem Großvater, das ich gekannt habe, noch lebte, wie seine Malerei weiterlebt. Mit der Zeit hätte ich ihm beigebracht, ein liebevoller Großvater zu werden wie jener gute Mann unter einer Pariser Brücke, der mir zuhörte und es zuließ, ihm nahe zu kommen.

Ein weiteres Stück Trauerarbeit.

Die Nationalstraße Nr. 7. Auf der Gegenseite die Schienenstrecke, auf der der Train bleu mit seinen bläulich schimmernden Fenstern dahingleitet, auf der linken Seite die *Brücke über die Aube*, die zum Strand führt, in der Ferne der *Leuchtturm von La Garoupe*, dessen Leuchtfeuer um diese Tageszeit nur schwach zu erkennen ist …

Pablito hat sanft meine Hand genommen. In fünf Minuten werden wir bei unserer Mutter ankommen. Wir wünschen uns, dass alles gut geht.

Mein Vater hat das Oldsmobile am Straßenrand geparkt, der zur Meerseite hin liegt. Er steigt aus, und noch bevor er uns aus dem Fond herausklettern lässt, wischt er andächtig einen Schmutzfleck von der Windschutzscheibe ab. Der Reflex eines gewissenhaften Chauffeurs. Pablito und mich an der Hand haltend überquert er mit langsamen Schritten die Straße, und wir biegen in die Rue Chabrier ein. Dort wohnen wir, in der zweiten Etage eines einfachen Wohnhauses.

Vor der Tür stellt Madame Alzeari, unsere Nachbarin aus dem Erdgeschoss, ihre Mülltüte ab.

»Na, Kinder«, zwitschert sie, »habt ihr einen schönen Tag verlebt? Wie geht es eurem Großvater?«

Sie wischt sich die Hände an ihrer Schürze über dem Bauch ab und sagt zu meinem Vater gewandt:

»Monsieur Paul, Sie sehen nicht besonders gut aus. Sie müssen auf sich aufpassen!«

Sie streicht uns über den Kopf und fügt hinzu:

»Sie haben wirklich sehr nette Kinder.«

Wir mögen Madame Alzeari gern. Sie schenkt uns Süßigkeiten, wenn wir sie besuchen.

Wir laufen unserem Vater voraus und rennen die Treppe hinauf, immer zwei Stufen auf einmal. Wir sind froh, endlich wieder zu Hause zu sein. Meine Mutter hat schon unsere Schritte gehört. Sie steht auf dem Treppenabsatz in einem eng anliegenden Pullover und einem Minirock aus schwarzem Kunstleder.

»Ich nehme an, ihr habt wieder einmal nichts gegessen«, ruft sie uns entgegen. »Geht gleich in die Küche, da gibt es noch einen Rest Nudeln und einen halben Apfel.«

Wir schlüpfen an ihr vorbei in die Wohnung, ohne meinem Vater auf Wiedersehen zu sagen, den meine Mutter im Flur begrüßt. Wir wollen nicht dabei sein, wenn sie zusammentreffen, denn das endet üblicherweise in Misstönen.

Es fängt schon an, als ich meine Mutter sagen höre:

»Was! Mehr hat er dir nicht gegeben? Wie stellst du es dir vor, wie ich damit zwei Kinder durchbringen soll? Deinem Picasso ist es völlig egal, ob ich Strom und Gas bezahlen kann. Ihn kümmert es einen Dreck, ob seine Enkelkinder sich satt essen können. Hast du ihm wenigstens gesagt, dass Marina einen Wintermantel braucht?

Hast du ihm gesagt, dass dein Sohn neue Schuhe braucht? Hast du ihm gesagt, unter welchen Bedingungen wir hier leben? Hast du ihm überhaupt gesagt …«

Die immer gleiche Litanei, mit schriller, kreischender, hysterischer Stimme herausgeschleudert. Und dann kommt noch der Tiefschlag, erbarmungslos hervorgeschnellt:

»Ich kenne dich, mit dem, was du für dich behalten hast, zahlst du deine Schulden in den Kneipen und hältst deine Saufkumpane frei.«

Dann die Erwiderung meines Vaters, ungerecht, wütend, brutal:

»Was ich mache, geht dich nichts an. Ich verstehe sehr gut, warum Pablo dich verabscheut. Du bist völlig verrückt.« Gebrüll, Schimpfwörter, Beleidigungen, heftige Wortwechsel, Gewalt …

Pablito und ich stehen eng aneinandergedrückt vor dem Heizkörper in der Küche, schluchzen still vor uns hin und knabbern an unserem Stück Apfel.

Wie immer fühlen wir uns schuldig.

Trotz all der Jahre, die inzwischen vergangen sind, passiert es mir immer noch, dass ich tränenüberströmt aufwache, wenn in meinen Alpträumen die Bilder und Töne dieser schrecklichen Situationen wieder lebendig werden: die Schreie, meine Mutter, die Krallen zeigend, mein Vater, der sie brutal zurückstößt, Pablito, dessen Zähne sich in dem Apfel abdrücken. Und im Bildhintergrund die Augen meines Großvaters, der mich durchbohrend anschaut, um mich zu bestrafen, dass ich noch immer am Leben bin.

Da er doch wusste, dass sein Sohn hilflos war und meine Mutter über keinerlei Mittel verfügte, warum hat er nicht seine Anwälte angewiesen, meiner Mutter persönlich jeden Monat eine Unterstützung für seine Enkelkinder zu überweisen? Wie bescheiden auch immer der Betrag gewesen wäre, er hätte meiner Mutter ermöglicht, über ein Haushaltsgeld zu verfügen, ihre Ausgaben bezahlen zu können und die Händler nicht immer wieder bitten zu müssen, ihr einen Kredit zu gewähren.

Doch das wäre zu einfach gewesen, zu menschlich. Perfide, wie er war, wusste Picasso genau, was er tat, wenn er diesen Kreislauf aufrecht erhielt, der dazu bestimmt war, meinem Vater ständig Schuld zuzuweisen, ihn abhängig zu halten und damit indirekt auch uns abhängig zu machen, nicht von ihm, aber von seinem eigenen Sohn. Eine teuflische Alchemie, durch die mein Vater noch leichter zu brechen war und Picasso nur noch mächtiger wurde.

Die Tür war vor meinem Vater ins Schloss gefallen, und meine Mutter stand nun schnaufend da, dann ließ sie sich auf einen Stuhl fallen. Ihr Gesicht war angespannt, und die Wimperntusche lief ihr über die Wangen. Plötzlich richtete sie sich auf und machte eine Geste, dass wir zu ihr kommen sollten. Oh Wunder, sie lachte uns an.

»Erzählt, wie war es denn bei eurem Großvater?«

Nur nicht antworten. Das war zu gefährlich.

»Ich habe euch etwas gefragt«, sagte sie streng.

»Gut«, stammelte Pablito. »Es war sehr schön.«

»Hat er von mir gesprochen?«

»Ganz kurz«, antwortete Pablito. »Er hat gefragt, wie es dir geht.«

»Das ist alles?«

»Ja das ist alles.«

Das Verhör war zu Ende. Sie wusste genau, dass sie im Gegensatz zu anderen Kindern, die gern erzählen, was sie den ganzen Tag gemacht oder gesehen haben, von uns keine Auskunft erhalten würde. Nicht einmal ein Kopfschütteln.

Aber sie gab nicht auf.

»Oh ja«, legte sie los und ihre Stimme klang herzzerreißend, »dieser Dreckskerl hat beschlossen, mich aus dem Weg zu räumen. Mit seinem ganzen Geld glaubt er, mein Schweigen erkaufen zu können, aber ich werde nicht davor zurückschrecken zu erzählen, dass er alles darangesetzt hat, mich zu missbrauchen. Das hätte man mal sehen müssen, wie er mir nachgeschaut hat, hier in Golfe-Juan, vor der Terrasse des Hôtel de la Plage. Wie er mir immer hinterhergelaufen ist, um mir zu sagen, wie schön ich sei. Oh ja, wenn ich gewollt hätte …«

Sie war völlig außer sich, wie besessen, musste unbedingt reden, ihr Leben erzählen: Aber so, wie sie es sich zurechtgelegt hatte.

Völlig unvermittelt war Picasso vergessen, und sie fing an, uns von ihrer Begegnung mit unserem Vater zu erzählen, dem athletischen Mann, der er einst war, von dem Charme, den er versprühte, von dem rauschhaften Gefühl, wenn sie mit ihm auf dem Motorrad fuhr, die Arme fest um seine Taille gelegt, von der Verwirrung ihrer Sinne durch die große Geschwindigkeit, von den starken Gefühlen, die sie empfand, wenn sie so an ihn geschmiegt war.

»Welch ein Glück für ihn, dass ich damals da war. Für

ihn hätte ich Berge versetzt, für ihn hätte ich mein Leben hingegeben …«

Ein theatralischer Seufzer, eine vorgetäuschte Hitzewallung und dann diese Worte, die weh tun:

»O ja, er ist ganz und gar der Sohn seines Ungeheuers von Vater!«

Das Ungeheuer von Vater. Endlich kann sie Galle spucken, sich rächen, lauthals zurückschlagen:

»Wenn er glaubt, dass er mich beeindrucken kann mit all seiner Knete und seinem Namen, dann täuscht er sich. Ich bin genauso stark wie er, und ich werde ihn kaputtmachen.«

Ein langes Schweigen und dann, ohne sich um uns zu kümmern, kommt sie auf ihre erste Begegnung mit Picasso zurück, betont noch einmal, wie leidenschaftlich er sich um sie bemüht habe. Eine Leidenschaft, die in einem Blick gelegen habe, einem Blick, der nicht täuschen könne.

»Oh nein«, sagte sie zu uns gewandt, »die Männer, die können mir nichts vormachen!«

Wohlgemerkt, mein Großvater hat es ihr übel genommen, dass sie seinen Annäherungsversuchen nicht nachgegeben hat. Wohlgemerkt war er es, der sie für seinen Sohn ausgesucht hat. Eine arrangierte Ehe.

Meine Mutter hat immer geglaubt, dass es ihr von Gott gegeben sei, die Schwiegertochter Picassos zu sein. Sie hat nie darüber nachgedacht, was später sein würde, denn schließlich hatte ein guter Stern auch uns zu Picassos gemacht genau wie sie.

Picasso war zum wichtigsten Bild ihres Lebens geworden. Sie sah nur durch ihn, sie dachte nur durch ihn, sie redete nur durch ihn: Mit den Händlern, mit Leuten, die sie auf der Straße traf, selbst wenn sie sie nicht kannte.

»Ich bin die Schwiegertochter von Picasso.«

Eine Trophäe, ein Passierschein, eine Rechtfertigung für alle exzentrischen Verhaltensweisen.

Ich erinnere mich noch, wie sehr ich mich einmal geschämt habe, als sie im Sommer am Strand im silbernen oder goldenen Bikini auftauchte, am Arm eines jungen Mannes, der fünfzehn Jahre jünger war als sie; an meine Beschämung, als ich eine junge Schülerin war und sie einmal im Minirock zu einer Elternversammlung in Begleitung eines Grünschnabels, der kaum älter war als ich, in die Schule kam; wie schwer es mir fiel, sie Mienne – Verkleinerungsform von Émilienne – zu nennen, weil sie das jünger erscheinen ließ und es amerikanischer Stil war; welche Angst ich hatte, wenn sie den Mund aufmachte, wie unbehaglich mir zumute war, wenn sie die Malerei von Picasso erklärte, sie, die niemals einen Katalog, nicht einmal eine Broschüre mit Werken meines Großvaters angeschaut hatte.

Ihre Rede wechselte, je nachdem, mit wem sie gerade sprach. Wenn es sich um Leute handelte, die sie kaum kannte, erhob sie Picasso auf ein Podest:

»Mein Schwiegervater ist ein Genie. Ich bewundere ihn, und ich weiß, dass er mich auch sehr gern mag.«

Wenn sie mit Leuten besser vertraut war und keine Vorbehalte hatte, erzählte sie all unsere Schwierigkeiten:

»Das müsst ihr euch einmal klarmachen, dass dieser miese Kerl mit all seinem Vermögen uns nicht einen Pfennig zukommen lässt.«

Die Leute lachten. Die Leute lachen immer, wenn solche Sachen den anderen zustoßen.

Ich kann mich nicht erinnern, dass meine Mutter uns je Geschichten wie Rotkäppchen erzählt hätte oder mit uns zum Karussell fahren gegangen wäre. Ich weiß nur, dass sie trotz ihrer Verrücktheiten die Einzige war, die uns Schutz gab. Außer ihr wollte uns niemand in dieser Familie haben. Trotz ihres Größenwahns und ihrer Stimmungsschwankungen gab sie uns mit ihrer Anwesenheit, ihrer Mütterlichkeit, ihrer Stimme, ihrem Lachen, selbst wenn es meistens gekünstelt war, Wärme und Geborgenheit. Sie bereitete uns in der kleinen Wohnung ein Nest, in dem es all die heimeligen Dinge gab, die in der Kindheit eine Rolle spielen: den Teekessel, der auf dem Feuer pfeift, den Tisch in der Küche mit der Wachstuchdecke, den tropfenden Wasserhahn über der Spüle, den wackelnden Stuhl, auf den »man sich nicht setzen durfte«, den getrockneten Blumenstrauß in der Vase, das kleine blaue Zimmer, in das Pablito und ich uns wie in einen Kokon zurückziehen konnten: unvergleichliche Schätze, wenn man wie ein Waisenkind ist.

Ansonsten hat sie mit den bescheidenen Mitteln, die man ihr zukommen ließ, das Bestmögliche gemacht.

Meine Mutter hätte in den besten Verhältnissen leben können, wenn sie nicht von dem Picasso-Syndrom befallen worden wäre. Sie war als Tochter einer protestantischen Bürgerfamilie aus Lyon zur Welt gekommen, in der es Lehrer, Ingenieure und Wissenschaftler gab: eine Akademikerfamilie, die keine besondere Geschichte hatte und friedlich dahinlebte. Ihr war es dort zu bürgerlich, zu geordnet zugegangen, darum war sie fortgegangen und hatte einen Mann geheiratet, der eine Töpferei in Vallauris besaß. Damals hatten sie sich aus dem Erlös ihrer Arbeit eine Wohnung in Golfe-Juan kaufen können, wo sie zusammen in Zank und Streit lebten, der schon bald in Hass umschlug.

Die Scheidung, eine kurze Zwischenzeit, und dann mein Vater.

Mein Vater, den sie bald heiratete ...

Vom Regen in die Traufe.

Der unvermeidliche Abstieg.

Nachdem meine Mutter sich von meinem Vater getrennt hatte, lernte sie viele Männer, besser gesagt Jünglinge kennen, die sie sich aussuchte, um sich jünger zu fühlen. Sie gabelte sie im Sommer am Strand auf, im Winter in den Bars, und brachte sie mit nach Hause. Da saßen sie dann mit ihren langen Haaren, ihren Blumenhemden und ihren zerrissenen Jeans. Manche spielten Gitarre, andere tranken Bier aus der Dose oder Whisky aus der Flasche. Meine Mutter lachte und kicherte. Damit sie mit ihnen allein sein konnte, schickte sie uns in unser Zimmer.

Pablito und ich liegen auf dem Bett. Wir sind sechs und acht Jahre alt. Um nicht zu frieren, haben wir die Bettdecke über uns gelegt. Aneinander gekuschelt starren wir an die Zimmerdecke. Wir sind ganz still.

Durch die Tür dringen laute Stimmen zu uns:

»Na los, Philippe, spiel was!«

Die Stimme gehört zu Lili, der Nachbarin aus der unteren Etage, einer Freundin meiner Mutter.

Dann ein Gitarrenakkord, schrill und misstönend, und eine Fistelstimme, die *Nature Boy* von Nat King Cole plärrt.

»Hast du nicht was weniger Sentimentales auf Lager? Los, spiel einen Flamenco. Pablo liebt das!«

Das ist natürlich die Stimme meiner Mutter mit ihrem ewigen »Pablo liebt die Gitarre«, ihrem »Pablo liebt dies«, »Pablo liebt das« und ihrem »So redet man nicht mit der Schwiegertochter von Pablo!«, ihrem »Ich habe alles gesehen, ich weiß alles, ich bin eine Picasso!«

Und dazu der Whisky. Und das Bier. Und das irre Lachen von Lili, von meiner Mutter und von den Typen, die Pablito und ich, die wir in unserem Zimmer zusammengekauert liegen, die »Gauner« nennen, und die wir nicht mögen.

Sieben Uhr morgens. Wir müssen aufstehen, um zur Schule zu gehen. Unsere Mutter schläft noch.

Die Küche ist ein Schlachtfeld. Gläser, Flaschen und volle Aschenbecher stehen auf dem Tisch herum. Ohne ein Wort räumen wir alles weg, wischen mit einem Schwamm über das Wachstuch, werfen die Kippen und die Flaschen in den Mülleimer und stellen die Gläser in die Spüle.

Wenn wir wollen, dass meine Mutter nett zu uns ist, dass mein Vater lacht, dass Großvater uns liebt, dann müssen wir dafür sorgen, dass sie vergessen, dass wir eine Belastung sind.

Denn schließlich sind wir daran schuld, wenn unser Vater sich so erniedrigen muss, um seinen Wochenlohn zu bekommen, wenn Großvater sich so häufig weigert, uns zu sehen, wenn meine Mutter die Gauner bei sich empfängt. Ohne uns könnten sie alle in Ruhe leben. Sie alle wären glücklich.

Da wir uns bewusst waren, welche Last wir darstellten, glaubten Pablito und ich, dass wir in der Lage wären, den »Guten« (meinen Vater) mit dem »Bösen« (meinem Großvater) zusammenzubringen. Sie miteinander zu versöhnen.

Wir nannten das »das Glück bauen«. Das bestand darin, im Haushalt zu helfen, unser Zimmer in Ordnung zu halten, das Geschirr abzuwaschen, meiner Mutter das Frühstück ans Bett zu bringen.

Ich erinnere mich noch, welche Angst ich hatte, wenn ich mich auf einen Stuhl stellte und ein Streichholz anzündete, um auf dem alten Gasherd das Wasser heiß zu machen; wie ängstlich ich war, mich zu verbrennen, wenn ich das Wasser in die Schale goss, die für meine Mutter bestimmt war; wie sehr wir uns freuten, wenn wir sie ihr dann brachten.

Sie öffnete mühsam ein Auge und sagte:

»Jetzt nicht, Kinder. Ich bin krank. Ich brauche noch etwas Schlaf.«

Damals wussten wir noch nicht, dass sie ein Alkoholproblem hatte und man dieses Problem »Kater« nannte, der daher kam, dass sie ihre Nächte mit Trinken verbrachte.

Wir waren beunruhigt und fragten sie, was ihr denn fehle, und sie antwortete:

»Das kommt von der Tuberkulose, die ich als Kind hatte …«, oder aber: »Meine Bauchspeicheldrüse macht mir zu schaffen.«

Auf Zehenspitzen gingen wir aus dem Zimmer, damit sie wieder einschlafen konnte und ihre Schmerzen sich legten.

Es war Zeit, in die Schule zu gehen.

Drei

In der Schule, in der Erholungsstunde nach dem Unterricht. Die Blätter der Platanen haben herbstliche Farben, die Jungen und Mädchen tollen herum und machen ein Geschrei wie in einem Vogelkäfig, die Lehrerinnen und Lehrer gehen auf dem Schulhof auf und ab, um ein mildes Auge auf Ordnung und Disziplin zu werfen – und auf das Murmelspiel, aber nicht so ein »lahmes Kinderspiel«, sondern das richtige, bei dem man die Kugel in der Faust hält und mit der Schnellkraft des Daumens mit voller Wucht die Kugel des oder der Gegner wegschlägt: Murmeln aus Gips und aus Glas, große Murmeln. Jeder gibt sein Bestes, »Holzkreuz, Eisenkreuz«, keine Mogelei, keine Angeberei, nur der Beste gewinnt.

Bei diesem Spiel gehöre ich zu den Besten in der Klasse. Auf den Fersen hockend, angespannt bis zur Verkrampfung, verteidige ich mein Glück: das einer Siegerin, das einer »Picasso«, die von den anderen angefeuert wird mit dem Akzent des Südens, der nach Knoblauch, Thymian und Lavendel duftet.

»Los, Picasso! Lass die Kugel zischen!«

»Die Picasso«. Kein Kontakt zu meinem Großvater, von dem in allen Zeitungen zu lesen ist, kein Kontakt zu meiner Mutter, die sich an ihren Skandalen berauscht. Ich bin eine Unbekannte genau wie Pablito, wie immer in seiner grauen Latzhose, der mir zujubelt und die Murmeln einsammelt, die ich gewonnen habe.

Wir sind Straßenkinder, und wir sind froh, Straßenkinder zu sein.

Im Grunde haben wir keine Familie.

Als wir uns gerade in eine Ecke des Schulhofs zurückgezogen haben, um unsere Gewinne zu zählen, bauen sich zwei Große aus der Abschlussklasse vor uns auf.

»Stimmt es«, fragt der eine, »dass ihr mit eurem Chauffeur und eurem Bodygard zur Schule kommt? Stimmt es, dass ihr reich seid?«

Chauffeur, Bodygard und reich, wo wir heute morgen das Haus mit leerem Magen verlassen haben.

Der andere, ein kleiner Dicker mit Pickeln, zieht aus seiner Schultasche ein Blatt mit Kritzeleien heraus.

»Schau dir das an«, sagt er zu mir und wedelt mit dem Blatt vor meiner Nase, »ich kann auch wie Picasso malen.«

Innerlich aufgebracht, mit wütendem Blick fahre ich ihn an, schäumend vor Wut:

»Sag das noch einmal!«

Er grinst höhnisch und wirft mir ins Gesicht:

»Picasso, das kann ich genauso gut. Das ist doch nur Krakelei!«

Ich sehe Rot, die Wut steigt in mir hoch, meine Fäuste schnellen vor und prallen auf Nase und Mund dieses Winzlings, der es gewagt hat, meinen Großvater anzugreifen, und dem nun das Blut aus dem Mund läuft.

Eine energische Hand fasst mich am Arm: Es ist meine Lehrerin, die mich durchschüttelt und mir ins Ohr schreit:

»Stell dich in die Ecke!«

Mit bebendem Kinn, als würde er gleich weinen, mischt sich Pablito ein:

»Aber, Madame, der andere hat doch angefangen!«

»Ich will davon nichts hören«, schimpft die Lehrerin. »Du und deine Schwester konjugiert jeder zwanzigmal: ›Ich darf mich nicht mit meinen Klassenkameraden schlagen.‹«

Was hätte ich damals tun oder sagen können, um die anderen zu überzeugen, dass es nicht Picasso oder der Stolz der Picassos war, den ich verteidigen wollte, sondern meine ganze Familie? Dass ich nur aus Liebe meine Fäuste eingesetzt hatte. Eine Liebe, die mir nicht entgegengebracht wurde, nach der ich mich aber so sehr sehnte, und wenn es nur ein freundschaftliches Tätscheln meines Kopfes gewesen wäre, eine Zärtlichkeit, ein Kuss auf die Wange, irgendein Zeichen der Zuneigung. Wenn mein Großvater statt Picasso Durand geheißen hätte, dann hätte ich meinen Großvater Durand verteidigt. Wenn er Anstreicher gewesen wäre und hätte unsere Schule neu gestrichen, dann hätte ich mich aus demselben Grund geschlagen.

Aber ich will lieber schweigen und nicht mehr daran denken, denn es ist sinnlos, sich etwas anderes vorzustellen als das, was das Leben uns tatsächlich bietet.

Ich darf mich nicht mit meinen Klassenkameraden schlagen.

Du darfst dich nicht mit deinen Klassenkameraden schlagen.

Er darf sich nicht mit seinen Klassenkameraden schlagen …

Auf einem Stuhl sitzend, vor uns die Reste des Mittagessens, die unsere Mutter uns hingestellt hat, schreiben wir an unserer Strafarbeit. Wir haben die dicke Ratatouille im Kochtopf nicht angerührt und kaum etwas von der Scheibe Schinken gegessen, die wir sorgsam wieder in das Pergamentpapier eingewickelt haben.

Unsere Mutter musste nach Cannes fahren, wie auf einem Zettel zu lesen stand, den sie auf dem Tisch zurückgelassen hatte.

Was wollte sie dort? Das ging uns nichts an.

Im Laufe meiner Analyse habe ich oft unter Tränen diese Stunden noch einmal durchlebt, wenn wir aus der Schule kamen, und wie Waisenkinder unser Mittagessen aßen, während andere Kinder zu Hause ein warmes Nest vorfanden mit einer fürsorglichen Mutter. Fürsorglich und anwesend. Ich erinnere mich nicht mehr genau an die Worte, die aus mir hervorbrachen, aber ich weiß, dass sie von einer Mutter sprachen, die sich die Zeit nahm, ihre Kinder zu umsorgen, sich ihre Schwierigkeiten anzuhören, ihnen sozusagen die Brust zu geben mit einer Mahlzeit, und sei sie noch so misslungen. Wie das angebrannte Püree, das sie immer wieder auf dem Herd vergaß … und das köstlich schmeckte.

Vor nicht allzu langer Zeit habe ich von einem traurigen Experiment eines Wissenschaftlers gelesen. In einem Labyrinth, das in zwei abgegrenzte Räume führte, hatte man ein Paar junge Mäuse, die man von ihrer Mutter getrennt hatte, ausgesetzt. Einer der Räume war geheizt und mit Fell ausgelegt. Der andere war kalt, verfügte aber über eine Pipette, aus der Milch tropfte. Vierzehn Tage später fand man die beiden Mäuse tot in der Zelle, die Wärme vermittelte. Die andere war sauber und verlassen. Die Milch war sauer geworden.

Pablito und ich hatten diese Wahl nicht. Die gewärmte und mit Pelz ausgeschlagene Zelle, die unsere Mutter uns bot, hing zu sehr von der Zelle Picasso ab, die mit Milch versorgte, aber einer zu teuer bezahlten Milch.

Ich erinnere mich auch an solche Tage, da wir aus der Schule zurückkamen und besorgt die Tür zu unserer Wohnung öffneten. In welchem Zustand würden wir unsere Mutter antreffen? Krank, tief in ihr Bett verkrochen, oder wieder aufgerichtet wie eine Aufziehpuppe mit ihrer Überspanntheit, ihrem Geplapper und ihren krankhaften Reden, die uns von Tag zu Tag peinlicher berührten:

»Ich bin sicher, dass Picasso mein Dekolletee mögen würde«, »Ich bin der Typ Frau, auf den Picasso abfährt«, »Wenn Picasso mich nicht sehen will, dann ist das nur wegen eures Vaters« …

Das hieß indirekt: »Dann nur wegen euch.«

Ja, wir waren daran schuld, wenn unser Vater um Geld betteln musste. Wir waren daran schuld, wenn unsere Mutter wirres Zeug redete. Wir waren daran schuld, dass sie sich hatten scheiden lassen. Wir waren daran schuld, dass unser Großvater uns aus seinem Leben ausschloss.

In seinem Werk ist von uns keine Spur zu finden. Nicht die kleinste Zeichnung, nicht das kleinste Gemälde.

In La Californie suchten wir verzweifelt die Wände ab, blätterten heimlich Kataloge und Kunstbücher durch, versuchten uns in den Zügen eines Fauns, eines Bacchanten, im Kaleidoskop eines Stilllebens wiederzuerkennen. Hier und da entdeckten wir Studien und Gemälde von Maya, seiner Tochter, die er mit Marie-Thérèse Walter hatte, Skizzen und Porträts von Claude und Paloma, den Kindern, die aus seiner Verbindung mit Françoise Gilot hervorgegangen waren, wir erkannten seinen Schneider, sahen Fischer, Leute, die wir nicht kannten, Hunde, Katzen, Vögel, Hummer, Gitarren, Kaffeekannen, Kompottschalen, Krüge und Porreestangen … aber keine Spur von uns, seinen direkten Nachkommen.

Wir hätten ein interessantes Motiv für ihn sein können, wenn er nur ein einziges Mal unsere Verzweiflung wahrgenommen hätte. Die Bilder hätten heißen können: *Pablito und Marina, aus La Californie verjagt, Pablito mit Tränen in den Augen, Marina und Pablito aneinander gekuschelt.*

Wie hat er es geschafft, uns so vollständig aus seiner Palette zu verdrängen, da wir ihn doch in La Californie besuchten, zu ihm in sein Schloss in Vauvenargues kamen, zu so vielen Stierkämpfen mit ihm gingen? Waren wir durchsichtig? Waren wir Bastarde?

Es ist nicht einfach, die richtigen Worte zu finden und die Schmerzen zu vermitteln, die man erduldet, aber ich glaube, dass sich Picasso in unserer Gegenwart nicht wohlfühlen konnte. Wir waren die Früchte eines enttäuschenden Vaters und einer Skandal umwitterten Mutter, und unsere Existenz störte seine kleine Gestalt und seinen großen Egoismus. Wir irritierten sein Genie und brachten Verwirrung in sein Maler-Nirwana.

Warum haben weder mein Vater noch meine Mutter den Mut gehabt, da sie doch unseren Schmerz kannten, uns zu sagen:

»Es existiert darum kein Bild von euch, weil euer Großvater uns bestrafen wollte, nicht euch, wegen der Szenen und Streitereien, die wir während unserer Trennung ausgefochten haben, Szenen und Streitereien, die ihn nur allzu sehr an seine eigenen Niederlagen mit seinen verschiedenen Frauen erinnerten.«

Heute kann ich sagen, dass diese »Bestrafung« mir erlaubt, mich von meinem Großvater zu distanzieren und laut und nachdrücklich zu verkünden, dass das einzige wirklich großartige Werk, das er uns geschenkt hat – und das mir das allerliebste ist – die Hervorbringung meines Vaters ist.

Auch wenn er abwesend war.

Im Himmel hoch über den Straßen von Golfe-Juan hängen Girlanden, in den Schaufenstern glänzt und funkelt es, die Menschen bereiten sich auf die Festtage vor, die Geschäfte quellen über von Geschenken, aus den Lautsprechern, die in den Baumkronen sitzen, kommt quäkende Musik zu den feierlichen Liedern.

In zwei Tagen ist Weihnachten.

Als wir unserer Mutter ihre Tasse Tee brachten, hat sie ihre Augen geöffnet und uns zugeraunt, bevor sie wieder einschlief:

»Euer Vater hat angerufen. Er wird versuchen vorbeizukommen, um euch euer Geschenk von Picasso zu bringen.«

Das Geschenk von Picasso. Das einzige Geschenk, das eine Verbindung zwischen meinem Großvater, meinem Vater und meiner Mutter herstellt. Das obligatorische und sakrosankte Geschenk, das die Sekretäre Picassos, die uns nicht kennen, ganz nach der Vorstellung des großen Meisters in den mondänen Boutiquen in Cannes ausgesucht haben. Für mich ein Seidentuch von Hermès oder eine Puppe zum Sonderpreis von irgendeinem großen Antiquitätenhändler. Für Pablito ein silbernes Armband mit Namensplakette oder eine Krawattennadel.

Geschenke ohne Seele und ohne Herz.

Eine mehr oder weniger lästige Pflichterfüllung der Domestiken meines Großvaters, die in jedem Geschäft ein bisschen für sich selbst abzweigen.

Mein Vater ist vorbeigekommen, aber nur auf einen Sprung. Diesmal hat meine Mutter ihn nicht mit Vorwürfen überschüttet. Er hat unsere Geschenke auf den Tisch gelegt und andächtig gewartet, bis Pablito und ich sie aus ihrer Verpackung befreiten, die reichlich mit Bändern verschnürt war.

Mein Paket enthielt einen Füller und einen Kugelschreiber aus Silber, das von Pablito eine lederne Brieftasche mit seinen Initialen.

»Euer Großvater hat euch wieder einmal verwöhnt«, rief mein Vater begeistert.

»Das sind wertvolle Dinge«, entgegnete meine Mutter sofort. »Ich werde sie euch geben, wenn ihr größer seid.«

Als wir wieder in unserem Zimmer sind, versuchen Pablito und ich, auf andere Gedanken zu kommen. Pablito spielt mit seinen Bleisoldaten Cowboy und Indianer. Ich tröste mich mit Lélanta, meiner Puppe, die ich vor vielen Jahren von meiner Großmutter Olga bekommen habe. Lélanta ist meine Freundin im Unglück. Im Sommer nehme ich sie mit an den Strand oder auf die Îles de Lérins. Sie schwimmt mit mir in den Felsbuchten, wo ich gerne bade, trocknet mit mir in der Sonne, und ihr kann ich alles anvertrauen. Wenn ich zu Hause bin, und es fliegen zu viele schwarze Schmetterlinge in meinem Kopf herum, packe ich ihre Kleider in einen kleinen Koffer, nehme sie in den Arm und flüstere ihr ins Ohr:

»Komm, wir fahren weg und leben unser eigenes Leben.«

Unsere Flucht endet schon nach wenigen Schritten in der Rue Chabrier, das Gefühl, ein bisschen Freiheit zu atmen, ist schnell in Gewissensbisse umgeschlagen, meine Mutter zu verlassen und vor allem meinen Bruder Pablito.

Ich liebte es auch, Lélanta zu operieren. Mit einem Küchenmesser schnitt ich ihr den Bauch auf und holte die Wolle heraus. Mein Bruder assistierte mir, bestimmte genau, was ich zu tun hatte, und gab seine Diagnose ab:

»Es sind sicherlich die Nerven«, sagte er mit ernster Miene. »Wir müssen ihr die Geschichte herausreißen, die sie krank macht.«

Die Geschichte, die uns krank machte.

Als wir Kinder waren, hatte Weihnachten auch mit meiner Großmutter Olga zu tun. Ich war noch klein, aber ich weiß, dass sie an diesem Tag wie an allen Sonntagen im Autobus aus Cannes kam, mit uns aß und noch vor Einbruch der Nacht wieder abreiste. An Weihnachten kam sie immer mit einem kleinen Tannenbaum, den sie in Zeitungspapier eingewickelt hatte, damit er seine Nadeln nicht verlor. Vor unseren Augen packte sie die Tanne aus, hängte Kugeln und Girlanden daran, die sie aus ihrer Tasche hervorzauberte, und stellte den Baum in einer Ecke unseres Wohnzimmers auf. Dann überreichte sie jedem von uns ein Geschenk: eine Schachtel mit Bleisoldaten und kleinen Autos für Pablito und für mich ein Stofftier oder eine richtige Puppe, eine Puppe, die ich anfassen, lieb haben und mit der ich spielen durfte, ohne mir vorher die Hände waschen zu müssen.

Meine Großmutter Olga bleibt für mich das Ideal aller Großmütter, eine Art Magierin, die die Gabe besaß, alle Schwierigkeiten auszuräumen, die Dämonen meiner Mutter zu bändigen, das Bild meines Vaters wieder aufzurichten, Harmonie und Ruhe in unser Haus zu bringen. Wir liebten den Duft ihres Parfüms, ihren melodiösen Akzent, ihre eleganten Gesten, ihre Augen, die voller Zärtlichkeit waren, und den Respekt, den sie anderen entgegenbrachte.

Auch später, wenn wir zu ihr in die Klinik gingen, wo sie ihre letzten Lebenstage verbrachte, habe ich sie niemals schlecht über meinen Großvater reden hören. Sie sagte lediglich, dass er ihr Mann gewesen sei, dass er ein sehr großer Künstler sei und dass wir auch eines Tages so groß sein würden wie er. Als Pablito ihr einmal klarmachte, dass er genug davon hätte, die Leute immer wieder sagen zu hören, er sei »der kleine Enkel von Picasso«, und sich lustig machte über den kleinen Wuchs des Großvaters, antwortete sie:

»Im Augenblick bist du noch der kleine Enkel des großen Malers, aber bald wirst du der große Enkel des kleinen Malers sein. Also hab noch ein bisschen Geduld.«

Sie hörte den Klagen meiner Mutter aufmerksam zu, beruhigte sie, wenn sie die Dinge übertrieben sah, versuchte ihre Überspanntheiten zu dämpfen, indem sie ihr in einem maßvollen Ton Ratschläge gab. Sie bestärkte sie, tröstete sie in ihrem Schmerz und entschuldigte all ihre Taktlosigkeiten.

»Verlier nicht den Mut, Mienne. Die Dinge kommen schon wieder in Ordnung.«

Sie wusste auf jedes »Warum« des Lebens eine Antwort.

Ich hatte das Glück, eine solche Großmutter zu haben, und da sie ein wirklich feiner Mensch war, hat niemand das Recht, ihr Bild zu beschmutzen, wie es viele getan haben, die sich, um das Ego Picassos zu bedienen, verpflichtet fühlten, diese wahrhaft große Dame herabzuwürdigen.

Es wäre zu viel der Ehre, ihre Namen hier zu nennen. Zuviel Nachsicht angesichts der schlimmen Dinge, die sie Olga Kokhlova, einer Frau, von der ich glaube, dass Picasso sie wirklich geliebt hat, angetan haben.

Glücklicherweise gehöre ich nicht zu dem Clan von Experten, die mit gebleckten Zähnen meine Großmutter in Stücke gerissen haben, um das Werk Picassos in den

Himmel zu heben. Ich ergebe mich nicht wie sie dem Kult der Gefälligkeit und auch nicht der Unterwürfigkeit, und wenn ich sie vom Genie Picassos reden höre, bin ich versucht zu antworten: »Ja, aber das Genie des Bösen.«

Meine Großmutter Olga Kokhlova, die am 17. Juni 1891 in Niezin in der Ukraine geboren wurde, war die Tochter eines Obersten der zaristischen Armee. Sie liebte den Tanz, und da sie in einem Milieu aufwuchs, wo dieses Metier nicht gut angesehen war, wartete sie bis zu ihrer Volljährigkeit, um mit ihrer Familie zu brechen und der russischen Balletttruppe von Sergei Diaghilew, den berühmten Ballets Russes, rund um die Welt zu folgen.

Dann kamen der Erste Weltkrieg, die Revolution von 1917, dann Picasso, und sie sollte nie mehr in ihr Heimatland zurückkehren.

Viele, die über Picasso geschrieben haben, behaupten, dass meine Großmutter eine schlechte Tänzerin gewesen sei. Wenn es so gewesen wäre, warum sollte dann Diaghilew, der unbestechlich in der Auswahl seiner Tänzerinnen und Tänzer war, meine Großmutter in seiner Balletttruppe behalten haben? Sicherlich nicht, um mit ihr zu schlafen, denn er liebte Männer und nur die Männer.

Was auch immer über sie berichtet wurde, was auch immer Picasso von ihr behauptet hat, um den Frauen zu gefallen, die er in seinem Schlepptau hatte, ich weiß, dass mein Großvater sie geliebt hat. Fasziniert von ihrer Schönheit und verführt von ihrer Eleganz hatte er ihr in Rom und Neapel und ebenso in Barcelona vergeblich den Hof gemacht, in all den Städten, wo die Truppe mit Diaghilew ihr Ballett aufführte, zu dem Picasso die Bühnenbilder entworfen hatte. Sie hatte seine Anmaßung abgelehnt und seine Avancen zurückgewiesen und dem ungehobelten Klotz, der er nun einmal war, vorgeführt, wie das Werben in der Liebe auch gehen kann, und an diese Liebeskunst hatten ihn die Mädchen, mit denen er bis dahin geflirtet hatte, nicht gewöhnt. In Barcelona hatte er Olga seiner Mutter vorgestellt, und die hatte sie gewarnt: »Keine Frau wird mit meinem Sohn Pablo glücklich werden.« Doch das war vergebens, denn an dem Tag, als Diaghilew sich mit seiner Truppe nach Südamerika einschiffte, erklärte Olga Kokhlova, dass sie nicht mit ihnen führe. Picasso hatte ihr Herz gewonnen. Sie gab ihm in Paris ihr Jawort: Mein Großvater führte sie in der orthodoxen Kirche in der Rue Daru zum Traualtar.

Olga war für ihn ein Freibrief, mit dem er, der so gerne die Fäden in der Hand hielt, seine Herkunft vergessen konnte, die provinzielle Enge, in der er als Kind in Malaga im Süden Spaniens aufgewachsen war.

Olga soll also versnobt und bedeutungslos gewesen sein? Man sollte nicht vergessen, dass Picasso, als er Olga heiratete, auch darauf spekulierte, was sie ihm alles bieten könnte. An ihrer Seite würde er Zugang zu einer Welt haben, die ihm bis dahin unbekannt war: zur Aristokratie des guten Geschmacks, der Lebenskunst, und vor allem bekäme er Zutritt zur großen Gesellschaft. Fortan kleidete er sich in London ein, lernte Champagner zu trinken, in den mondänen Salons ein- und auszugehen und das bürgerliche Gehabe nachzuäffen, das er immer verteufelt hatte.

Wer von beiden war also unbedeutend und versnobt? Sicherlich nicht Olga, deren angeborene Würde jeder schätzte.

Wer auch immer Häme über Olga Kokhlova ausgeschüttet hat, wusste er, dass sie am Ende ihres Lebens, als sie halbseitig gelähmt war und ihre Beine nicht mehr gebrauchen konnte, verboten hat, dass man sie in einem Rollstuhl spazieren fährt?

Der Rollstuhl: Das war für eine Tänzerin die schlimmste Strafe. Die größte Kränkung.

Wenn wir sie in der Klinik Beausoleil, in der ich geboren wurde und sie später starb, besuchten, empfing sie uns auf ihrem Bett sitzend, und damit man ihre Beine nicht sah, hatte sie ihren Pelzmantel darüber gelegt, eine Erinnerung an die schönen Tage, als Picasso sie noch liebte. Pablito wollte bei unseren Krankenhausbesuchen immer einen Samtanzug anziehen, der aus ihm einen kleinen Prinzen machte. Sie war es gewesen, ohne je darüber gesprochen zu haben, die ihm diesen Sinn für Eleganz eingeflößt hatte. Sie rief uns zu sich, damit wir uns zu ihr aufs Bett setzten, und dann nahm sie unsere Hände in die ihren und erzählte uns auf Russisch Märchen, von denen wir kein Wort verstanden, die uns aber trotzdem sehr gefielen.

Sie war für uns ein Geheimnis.

Olga und ihre Eifersucht, Olga und ihre Nervenkrisen, Olga und ihre Wahnzustände.

Auch in dieser Hinsicht hat damals keiner mit Behauptungen gespart. Natürlich hat Picasso dazu beigetragen, denn er hat sie ja wie ein gefundenes Fressen ausgeliefert, indem er herumposaunte, dass Olga ihn verwirre, ihn rasend mache, und er sie dumm, enervierend und bedeutungslos fände.

Besonders geschmackvoll war auch, überall zu verbreiten, dass Marie-Thérèse Walter, die es satt hatte, im Schatten zu leben, bei Olga, seiner Ehefrau, vorgesprochen habe, um ihr mitzuteilen, dass das Baby, das sie im Arm hielt, »das Werk von Picasso« sei.

Man bezeichnete meine Großmutter als hysterisch, aber wie soll man nicht hysterisch werden, wenn man auf solche Weise entehrt, erniedrigt und degradiert worden ist? Wie soll man sich von soviel Grausamkeit und Enttäuschung je wieder erholen?

Als meine Großmutter 1955 beschloss, durch die Jahre des Kummers zerbrochen, diese Welt mit der Würde zu verlassen, die ihr eigen war, wollte mein Vater bei ihrem Begräbnis allein sein.

Sicherlich um sie für alles, was er ihr angetan hatte, um Verzeihung zu bitten.

Sicherlich um ihr zu sagen, dass er sie geliebt habe ...

Ganz im Gegensatz zu dem Mann, der ihr das Leben verpfuscht hatte.

Vier

Genf 1982.

Frédérique, die mir die Hand gehalten hat, als ich lebensmüde war, die mir in düsteren Tagen Halt geboten hat und seitdem meine engste Vertraute in diesem wiedergewonnenen Leben ist, setzte mich mit dem Auto vor der Tür des Analytikers ab, bei dem ich heute zum ersten Mal vorspreche. Ich bin versteinert vor Angst.

Frédérique legt mir die Hand auf den Arm.

»Es wird schon gut gehen«, sagt sie.

Wie eine Aufziehpuppe steige ich aus dem Auto, trete durch die Tür des Wohnhauses, das ich nicht kenne, nehme den Fahrstuhl, und schon stehe ich vor einer Tür, die sich vor mir öffnet. Ein Wartezimmer mit ein paar unpersönlichen Möbeln. Wie bin ich hierher gekommen? Ich weiß es nicht. Ich friere.

Ein Mann mit ernstem Gesicht steht vor mir. Ich habe ihn nicht kommen hören. Das ist sicherlich mein Analytiker. Ich muss mich vorstellen. Anstatt zu sagen: »Ich bin Marina Picasso«, kommen aus meinem Mund nur die Worte: »Ich bin die Enkelin von Picasso.« Ich habe keine Identität. Ich bin und werde es immer sein, »die Enkelin von Picasso«.

Er nimmt mich mit in sein Büro, lässt mich Platz nehmen und beobachtet mich. Dann beginnt er, mir Fragen zu stellen. Ich antworte mit dünner Stimme. Nach einer Stunde Gespräch, von endlosem Schweigen unterbrochen, schlägt er mir vor, mich mit ihm auf eine Arbeit einzulassen, fünf Sitzungen die Woche, allerdings nur wenn ich aus eigenem Antrieb komme.

Von diesem Golgatha ist mir in Erinnerung geblieben, welchen Schwindel der Weg zu ihm immer in mir ausgelöst hat. Die Straßen wie Tentakeln, die Hinterhalte, die an jeder Kreuzung mit den roten Ampeln lauerten, das Gewirr von Autos, die dicht an meinem vorbeifuhren, die Panik, meinen Wagen irgendwo parken zu müssen, um dann zu Fuß weiterzugehen: Mit jedem Schritt bewegte sich die Straße unter mir, Kreuzungen wölbten sich über dem Abgrund, die Gebäude beunruhigten mich, drohten über mir zusammenzustürzen. Angst vor der Leere, Angst, in diesen Stadtteil eingesperrt zu werden, in dem ich mich jedes Mal verlief. Eine Kampfarena voller Köder und Fallen: versperrte Übergänge, die es nach einem bestimmten Ritual zu überschreiten galt, Linien auf dem Bürgersteig, auf denen man nur unter Strafe gehen durfte …

Die Strafe hieß, ins Nichts zu fallen und meine Seele zu verlieren.

Endlich der steinerne Torbogen vor der Eingangstür, der Fahrstuhl, der auf jeder Etage ruckte, seine Metalltüren, die sich scheppernd öffneten, der fahl beleuchtete Treppenabsatz und dann jene Tür mit dem Klingelknopf, über dem eine diskrete Visitenkarte steckte: »P. A. Duvanel«.

Ich habe Angst. Ich bin in Schweiß gebadet.

Ich liege auf der Couch. Monsieur Duvanel – zu Anfang habe ich ihn immer wieder Herr Doktor genannt – hat auf einem Sessel hinter mir Platz genommen. Dass ich ihm nicht in die Augen sehen muss, kommt mir sehr entgegen. Ich schäme mich so sehr.

Ich starre die Bücherregale an, auf denen die Bücher symmetrisch angeordnet stehen, dazwischen ein paar Statuetten, ein Foto von Françoise Dolto, ich schaffe es nicht, ein einziges Wort herauszubringen. Duvanel respektiert mein Schweigen: ein Schweigen, das angefüllt mit Schreien ist, die nicht herauskommen wollen, mit Tränen, die mich ersticken … und von weit her die Stimme des Therapeuten:

»Das war es für heute, Madame.«

Das Gespräch hat zwanzig Minuten gedauert. Ein stummes Gespräch.

Ich fange laut an zu schluchzen.

Drei Monate Schweigen und Tränenströme, die tonnenweise Schlamm mit sich führen. Meine Mutter, mein Vater, Picasso, das Leiden von Pablito, das meiner Großmutter, sie alle sind in diesem klebrigen, giftigen, widerwärtigen Schlamm enthalten: Mein Vater und seine Unterwürfigkeit, Picasso, der sich vor meinen Großvater schiebt und ihn auslöscht, Pablito mit seinem verzweifelten Blick in seinem Krankenhausbett, meine Großmutter, die ihre Beine unter ihrem Pelzmantel versteckt.

Alle tot. Einzige Überlebende ist meine Mutter, nervenkrank, wahnhaft, eine Marionette.

Auch ich bin eine Marionette auf dieser harten Couch, wo ich mit jedem Wort, das sich meinem Mund entringt, Tode sterbe.

Die Wörter. Solche, die Liebe bedeuten, und solche, die Krieg bedeuten, die Gedächtnislücke, der Lapsus, die verdeckte Erinnerung, die Metapher, die Wahrheit, die Gegenwahrheit, die Identifikation, die freie Assoziation: »mer et mère« (Meer und Mutter), »ciel et fiel« (Himmel und Bitterkeit), »amour-mort« (Liebe-Tod).

Die Wörter: Lebendig sein.

Und die Erwartung: des Schmerzes, der ein Knäuel im Bauch bildet, das man herausreißen möchte …

»Beschreiben Sie genauer, was Sie denken!«

… dem man ins Angesicht schauen und seiner Herr werden muss:

»Es war in La Californie …«

Und schon bald bin ich im Präsens:

»Es ist in La Californie … Ich bin mit meinem Vater dort … Er geht auf und ab … Er gießt sich ein Glas …«

Da ist ein Schleier. Ein schwarzes Loch. Ich weiß nicht mehr, was ich gerade gesagt habe.

»Das wär's für heute, Madame.«

Manche Sitzungen brachten mich zurück zu den Stierkämpfen, zu denen uns mein Großvater mitgenommen hatte. Ich saß neben ihm und war entsetzt über den Lärm, die Farben, die Brutalität dieser ungestümen *aficionados*, die brüllend den Todesstoß forderten.

Ich war auf Seiten des Stiers.

Auf der Couch meines Analytikers muss ich, um das Recht auf Leben zurückzugewinnen, meinen Todesstoß bearbeiten. In der dunklen Ecke, in die man mich mit meinem Leiden getrieben hat.

Wie viele Stöße habe ich in dieser Arena erhalten, in die ich freiwillig gegangen bin. Wie oft habe ich mit dem Horn zurückgestoßen, um aus der Sackgasse meines Lebens herauszukommen. Wie viele Hinweisschilder mit der Aufschrift *callejón,* Sackgasse, habe ich schon übersehen und umgefahren. Und all die banderillas, die mich bei lebendigem Leib getroffen haben, und all die Todesstöße, die mir das Blut aus den brennenden Lungen spritzen ließen. Ich weiß es jetzt, ich war ein *toro bravo,* ein tapferer Stier, wie Picasso mit schmetternder Stimme gerufen hatte, wenn ein Stier heroisch um sein Leben kämpfte, bevor die Pferde seinen Kadaver aus der Arena zogen, um das Feld für einen neuen Kampf freizumachen.

Ich war ein *toro bravo.*

Fünf

Als unsere Grossmutter Olga aus dem Leben gegangen ist, haben weder Pablito noch ich geweint. Für unsere Bestürzung, unsere Trauer gab es keine Tränen. Nie wieder ihr Lachen, ihre tröstenden Worte hören. Nie wieder ihre Güte erleben, nie wieder ihre kleinen Aufmerksamkeiten bei einer Tasse Tee, die wir an ihrem Krankenlager tranken: »Pablito, ein Tröpfchen Milch?«, »Marina, ein Stück Zitrone?«

Der Tee, dessen Geschmack ich noch in meinem Mund habe. Der Geschmack von einem verlorenen Paradies.

Aber auch Wut stieg in mir hoch, Wut auf Picasso, der niemals an ihr Krankenbett gekommen ist, um sie um Verzeihung zu bitten, obwohl er ganz in der Nähe des Krankenhauses wohnte, wo sie ihre letzten Lebenstage verbrachte.

Haben seine Pinsel ihn niemals daran erinnert, wie wunderbar und königlich sie war, wenn sie für ihn posierte? War es Egoismus, Kleinmut, Feigheit oder Ungehobeltheit, oder warum hat er sie verleugnet, nachdem er sie so viele Male in seinen Gemälden glorifiziert hatte,

Gemälden wie *Olga mit Mantilla*, *Olga mit Pelzkragen*, *Olga lesend*, *Olga nachdenklich* und so vielen anderen Olga-Bildern, darunter auch *Olga in einem Sessel*, das das Wohnzimmer meines Hauses ziert, eine vornehme, rätselhafte Vestalin, die über mein Leben und das meiner Kinder wacht.

Ja, all das brach für Pablito und mich zusammen, als diese wunderbare Frau fortging in das Land ohne Wiederkehr. Sie ließ uns allein zurück mit einem Vater, dessen Besuche bei uns dem Auftauchen einer Sternschnuppe ähnelten, und einer Mutter, die ihr Leben vergeudete.

Der »Unterhalt Picasso«, den unser Vater an unsere Mutter bezahlte, schrumpfte immer mehr zusammen, sodass meine Mutter es für richtig hielt, einen Prozess gegen Picasso selbst anzustrengen. Wenn mein Vater das Erbe seiner Mutter abgelehnt hatte, um das Werk Picassos nicht auseinander zu reißen, so sah sie keinen Grund, warum sie die Kosten für diese Großzügigkeit tragen sollte.

Da sie überzeugt war, im Recht zu sein, posaunte sie es überall heraus und erklärte jedem, der es hören wollte, dass es ihr endlich gelungen sei, dem Minotaurus, dem Herrn von La Californie, einen Maulkorb anzulegen. Ihre Gerichtsklage und ihr Herumgetratsche hatten nur zur Folge, dass mein Großvater noch aufgebrachter gegen sie war. Um sich gegen sie zu wehren, bemühte er ein Heer von Rechtsanwälten. Sein Ziel war es, uns unserer Mutter wegzunehmen und uns in ein Internat zu schicken, bis wir volljährig wären, eine schreckliche Vorstellung, denn trotz allem war meine Mutter die Einzige, die unsere Familie zusammenhielt.

Im Kopf meiner Mutter wurde dieser Prozess, von dem sie unablässig redete, zu einer Art Traum. Sie war darin die göttliche Heldin, die *Mater Dolorosa*, die um die Rettung ihrer Kinder kämpfte.

»Picasso ist gar nicht dafür eingerichtet, euch bei sich aufzunehmen«, sagte sie zu uns. »Er wird euch in ein Internat für Reiche stecken.«

Internat für Reiche. Diese Worte klangen für uns wie eine Verurteilung.

Und mit wütender Stimme fügte sie hinzu:

»Er wird euch voneinander trennen. Du, Pablito, wirst nach Spanien geschickt, und du, Marina, in die Sowjetunion zu seinen Kommunisten. Mich werdet ihr nie wieder sehen.«

Der eine nach Spanien und die andere in die Sowjetunion. Lagen diese Länder ganz in unserer Nähe? Würden wir auseinander gerissen werden? Wir waren noch klein und wie ein Zwillingspaar aufgewachsen, die Vorstellung getrennt zu werden versetzte uns in Angst und Schrecken.

Ich weiß nicht genau, wie die Dinge dann abgelaufen sind, aber in diesem Kampf zwischen David und Goliath trug meine Mutter den Sieg davon. Sie wollte ihre Kinder behalten, und sie erhielt das Sorgerecht, bekam aber ansonsten von Picasso nichts, außer dass eine Sozialarbeiterin beauftragt wurde, unsere Lebensbedingungen regelmäßig zu kontrollieren.

An unsere Mutter gedrückt belauern wir jede Bewegung der Frau vom Sozialamt. Sie öffnet den Kühlschrank, um zu sehen, was alles darin ist, kontrolliert unsere Schulhefte, inspiziert unseren Kleiderschrank, will von uns wissen, wie wir mit unserer Mutter leben. Wir sind Übeltäter, die sich einem Gerichtsbeschluss zu unterwerfen haben.

»Was habt ihr heute zu Mittag gegessen? Um wie viel Uhr seid ihr ins Bett gegangen?«

Wir senken die Köpfe, trauen uns nicht zu antworten.

Die Sozialarbeiterin heißt Madame Bœuf. Sie ist recht hübsch mit ihren roten Haaren. Manchmal lächelt sie uns an und letztes Mal hat sie mir einen Bonbon geschenkt.

»Warum verdirbst du uns immer unseren Donnerstag?«, habe ich zu ihr mit Tränen in den Augen gesagt. Der Donnerstag ist unser schulfreier Tag, und Madame Bœuf hat sich vor mir niedergekauert, mir ins Gesicht geschaut und geantwortet: »Versprochen, geschworen, meine kleine Marina, ich werde euch in Zukunft nicht mehr eure Donnerstage verderben.«

Wir sind Freundinnen geworden, und ich habe ihr eine Menge Dinge erzählt:

»Madame Bœuf, ich mag Bécassine sehr gern.«

Sie hat mich mit großen Augen angeschaut, mich aber weiterreden lassen.

»Wissen Sie, Bécassine ist eine ganz einfache Frau. Sie ist nicht verrückt. Sie weiß sogar sehr viel, aber sie hatte nicht sehr viel Glück. Sie geht in die Berge, versucht hinaufzusteigen und fällt jedes Mal hinunter. Sie macht das nicht, um die Leute zum Lachen zu bringen, sondern weil sie es nicht schafft. Wenn man Bécassine zuhörte, dann würde man merken, dass sie eine ganze Menge kann.

Man würde auch merken, dass sie intelligent ist, wenn man sie nicht immer diese vermaledeiten Berge hinaufschickte …«

Mehr habe ich nicht gesagt. Die Erwachsenen verstehen nicht wirklich, worum es im Leben geht.

Der Donnerstag war die einzige Zeit, in der wir uns frei fühlten. Dann standen wir ganz früh auf, sprangen in unsere Kleider und liefen hinunter auf die Straße, wo wir uns mit unseren Freunden trafen. Manchmal fingen uns Madame Alzeari oder Lili, die Nachbarin unter uns, auf der Treppe ab, um uns ein Stück Kuchen oder eine Leckerei zu geben. Sie wussten, dass unsere Mutter keine Lust hatte zum Kuchenbacken und auch nicht ihr Geld für Süßigkeiten vergeuden wollte. Wir bedankten uns mit vollem Mund und fuhren dann mit dem Fahrrad an den Strand, hinter uns die ganze Kinderbande aus der Rue Chabrier.

Das Fahrrad muss für mich die gleiche Bedeutung gehabt haben wie das Motorrad *Norton Manx* für meinen Vater. Ich sprang darauf und fuhr im Stehen, immer geradeaus, bis zur Landungsbrücke im Hafen von Golfe-Juan. Ich jagte davon, dass die Reifen quietschten. Bremste in der letzten Sekunde, zwei Finger breit vom Ende des Landestegs entfernt. Wir besaßen nur das eine Fahrrad, und wenn ich nicht fuhr, dann rollte Pablito damit brav über den Kai. Von uns beiden war ich die Waghalsigere.

Ich stürzte mich auch gern in die Fluten. Ich schwamm wie ein kleiner Hund, aber ich schwamm sehr gut. Am meisten Spaß machte es mir, bis hinter die Bojen zu schwimmen, wo das Baden verboten war. Ich fühlte mich von der Welt meiner Mutter und der meines Vaters befreit, und auch von der Picassos, der sich ängstigte, wenn er keinen festen Boden unter den Füßen hatte.

Ich erinnere mich auch an das kleine Boot, das wir uns unter den Nagel gerissen hatten, um daraus ein seetüchtiges Schiff zu machen. Es war ein kleines, vom Meer angefressenes Dingi, das die Fischer seinem Schicksal überlassen hatten. Mit ein paar Brettern, vier Nägeln, mit Teer und einer Schicht Farbe, die wir, ich weiß nicht wo, aufgetrieben hatten, besserten meine Freunde und ich es so weit aus, dass es sich auf dem Wasser halten konnte. Zu zweit oder zu dritt, immer in abwechselnder Besetzung, ruderten wir wie die Galeerensträflinge, schöpften Wasser wie die Besessenen und kehrten schließlich schwimmend zurück, nachdem das Boot wenige Meter vor dem Ufer gekentert war. Es kam nicht darauf an, wie diese Odyssee ausging, sondern was zählte, war der Traum: ganz weit weg zu fahren, weit über den Horizont hinaus, gemeinsam mit Pablito und Alain, einem Spielkameraden, der sich genauso verloren fühlte wie wir.

Mein Vater hatte die Nachricht hinterlassen, dass er versuchen wollte vorbeizukommen. Inzwischen sind drei Monate vergangen, und er ist immer noch nicht gekommen. Madame Bœuf hat gesagt, das sei nicht so schlimm, wir müssten warten, bis die Dinge in Ordnung kämen.

Bis die Dinge in Ordnung kommen, weiß meine Mutter schon nicht mehr, wie sie hinten und vorne zurechtkommen soll, so jedenfalls drückt sie es selbst aus. Der Metzger und der Lebensmittelhändler haben ziemlich finstere Mienen gemacht, als sie sie gebeten hat, mit der Bezahlung noch etwas zu warten. Und natürlich ihre ewigen Klagen:

»Ich reiße mir die Beine aus, um euch großzuziehen, und währenddessen zieht euer Vater es vor, sich zu amüsieren. Er scheint sich überhaupt nichts daraus zu machen, dass ich Sorgen habe. Und was kümmert es Picasso, wenn ich krank werde …«

Unsere ganze Kindheit war gespickt mit den Wörtern »krank« und »Sorgen«.

So war also das Leben.

Tag für Tag, Woche für Woche, Monat für Monat, und immer magere Kost. Immer auf alles Acht geben.

»Pablito, pass auf deine Sachen auf, Marina, mach nicht deine Schuhe kaputt.« Zum Nachtisch eine Banane für zwei.

Unregelmäßige Mahlzeiten, Brot ohne Butter, in heiße Milch getaucht, gekochte Eier in Tomatensoße, Nudeln ohne Soße, Reis ohne Beilagen.

Kind, wenn man einmal eine Mahlzeit auslassen muss, ist das nicht so schlimm, wenn man sich nur lieb hat. Was sehr viel schlimmer ist, am Gerede einer endlos predigenden Mutter fast zu ersticken. Unsere Mutter ließ zwischen zwei Bissen ihr ganzes Wissen vom Stapel. Sie schnitt uns das Wort ab, redete an unserer Stelle weiter, drängte uns über alles und jedes ihre Theorien auf:

»Melonen und Erdbeeren sind die besten Früchte … Ich liebe Rosa. Picasso hat zu mir gesagt, das stände mir gut … Ich mag nur kurze Röcke … Ich mag nur große

Brüste. Picasso findet auch kurze Röcke schön … Genau wie große Brüste … Und dieser Algerienkrieg, der sich so lange hinzieht. Und mit der Nationalen Befreiungsfront, das ist in Ordnung, Picasso ist auch dafür …«

Ein unablässiges Herunterbeten von betrüblichen Torheiten, die uns die wenigen Augenblicke verdarben, die wir miteinander verbrachten.

Und dann das Glück, wenn wir vom Tisch aufgestanden waren, wenn im Juni die Ferien nahten, wenn wir wieder an den Strand gehen konnten, das Fahrrad, das kleine Boot, die Spielkameraden. Und unsere Mutter war glücklich, sich wieder im Bikini an den Strand legen zu können, umringt von ihren Gaunern.

Das Glück, trotz aller Schwierigkeiten mit ihr. Das Glück trotz allem.

Mitten in der Nacht hat das Telefon geklingelt. Pablito und ich sind aus dem Schlaf aufgeschreckt, wir halten den Atem an. Wir wissen, dass es unser Vater ist. Wie üblich ruft er wohl aus einer Bar an. Dreimal klingeln, viermal klingeln, dann Stille. Meine Mutter hat in ihrem Schlafzimmer den Hörer abgenommen.

»Glaubst du, dass er uns besuchen kommt?«, flüstert Pablito.

Ich antworte nicht. Ich wünschte, es wäre wahr.

Wir sind morgens früh aufgestanden und machen als Erstes die Küche sauber: Geschirr spülen, mit dem Scheuertuch den Boden aufwischen, die Wäsche auf dem Balkon aufhängen.

Dann machen wir Frühstück für unsere Mutter: Tablett, Tasse, Teekanne, Zucker. Nein, keinen Zucker, Zucker macht dick. Wir schauen auf die Uhr, es ist neun. Zwei Stunden müssen wir noch totschlagen, bis wir sie wecken dürfen.

Wir warten also und trauen uns nicht, uns zu rühren.

Am Telefon, ja, das war unser Vater.

»Ihm ist eingefallen, dass er Kinder hat«, knurrt unsere Mutter. »Er hat gesagt, dass er vorbeikommt, um euch mitzunehmen.«

»Wann?«

»Um eins. Unten vor dem Haus.«

Unten vor dem Haus. Er darf nicht mehr heraufkommen. Nie wieder dürfen wir ihm unser Zimmer zeigen, die Festung, die Pablito in einem Schuhkarton gebaut hat, unsere Schulhefte, die Zeichnungen, die wir an die Wand geheftet haben.

Er ist unerwünscht. Nie wieder dürfen wir mit ihm unser Kinderreich teilen.

Wie ein Fremder steht er auf der Straße, bis wir runterkommen und gemeinsam nach La Californie fahren.

Das Warten vor dem Gartentor, die Schritte des alten Hausmeisters, der Schlüssel im Schloss und die Worte wie ein Fallbeil:

»Werden Sie erwartet?«

Der kiesbestreute Hof, die Außentreppe, der Wachhund Jacqueline Roque:

»Monseigneur ist gerade unter der Dusche. Ihr könnt solange im Garten spielen.«

Ihre Stimme klingt schroff, arrogant. Sie ist hier die Hausherrin, wir müssen ihr gehorchen.

Pablito und ich gehen Hand in Hand, der Dackel Lump rennt hinter uns her. Wir wagen nicht zu rennen, geschweige denn zu sprechen. Monseigneur ist gerade unter der Dusche. Diesen feierlichen Augenblick dürfen wir nicht stören.

Unser Vater kommt hinter uns her, die Zigarette im Mund. Er geht mit gebeugtem Rücken, zwischen den mit wilden Ranken bewachsenen Statuen hindurch. Im Gehen pflückt er einen Lavendelzweig und hält ihn sich an die Nase. Was ist das für ein Duft? Der seiner frühen Kindheit? Der aus jener Zeit, als Picasso ihn noch respektierte?

Ich löse mich von Pablito, gehe zu ihm und stecke meine Hand in die seine. Ich liebe ihn. Er ist mein Vater.

Wir sind im Atelier, wo Großvater uns in Unterhosen empfängt, in locker sitzenden Baumwollunterhosen, aus denen seine Geschlechtsteile hervorschauen: eine peinliche Sache, für ein achtjähriges Mädchen, wie ich es damals war, und noch peinlicher für das junge Mädchen von siebzehn Jahren, das er in demselben Aufzug empfing.

Peinliche Sache oder Provokation? Nein, ich glaube nicht, dass es ihm peinlich war, sich mit seinen sechsundsiebzig Jahren so vor mir, der Köchin oder der Haushälterin zu zeigen. Sein Geschlechtsteil war für ihn genauso etwas wie seine Pinsel, wie die Fischgräten, die er auf seinem Teller liegen hatte, die Kötel von Esméralda, die rostigen Konservendosen, die zuhauf auf dem Fußboden herumstanden. Schwanz, Pinsel, Gräten, Kötel, verrostete

Büchsen waren Bestandteile seines Werkes, des Gesamtwerkes Picasso, das alle anerkennen mussten. Selbst wenn es schockierte.

Die Dattel, die Feige und die Walnuss, durch seine Finger geheiligt, ein gigantischer Lachanfall und gleich darauf diese Lektion. Absurd, irrational:

»Eins müsst ihr lernen, Kinder, dass man sehr gut leben kann, wenn man sich von allem befreit. Von Schuhen, Kleidungsstücken und sogar vom Essen. Seht mich an, ich brauche überhaupt nichts.«

Pablito und ich laufen bis zu den Haarwurzeln rot an. Hat unsere Mutter ihm einen Brief geschickt, in dem sie sich beschwerte? Würde er sich weigern, unserem Vater weiterhin seinen Lohn zu bezahlen? Wieder einmal fühlen wir uns schuldig, auf der Welt zu sein.

Und es stimmt, er braucht tatsächlich nichts außer seinem zerrissenen Matrosenhemd, seinen schlecht sitzenden Unterhosen, seinen völlig ausgelatschten Espadrilles. Worüber sollen wir uns beklagen? Unser Großvater ist wie wir. Ein Armer. Der einzige Unterschied ist, dass er eine Masse Geld hat, während wir heute Abend wieder einmal Nudeln zu essen bekämen.

»Das Wichtigste ist«, überbietet er sich noch, »das Wichtigste ist, das zu machen, wozu man wirklich Lust hat.«

Meinen Vater trifft dieser Satz wie ein Peitschenhieb. Er senkt den Kopf und stammelt:

»Pablo, ich habe dir aus Paris die Leinwände mitgebracht, die du haben wolltest. Sie sind im Auto.«

Das Ausweichen, die Ausflucht, die Angst.

Wieder die Angst, dem mächtigen Minotaurus zu missfallen, dem Deus ex Machina seines beklagenswerten Schicksals.

Großvater hilft ihm da nicht heraus. Er lacht lediglich.

»Paulo«, sagt er schließlich, »nächsten Sonntag kämpft Dominguin in der Arena von Arles. Du wirst mit mir dorthin fahren.«

Und dann wendet er sich zu uns um und fügt hinzu:

»Wenn du Lust hast, nimm Pablito und Marina mit. Schließlich haben sie spanisches Blut in sich.«

Der Besuch ist beendet. Zum Abschied bedanken Pablito und ich uns bei unserem Großvater, dass er uns diesen schönen Tag geschenkt hat. Er beugt sich zu uns hinab, lässt sich von uns küssen und sagt lachend:

»Hasta la vista, muchachos! A domingo próximo! Auf Wiedersehen, Kinder! Bis nächsten Sonntag!«

Mit gesenktem Kopf machen wir uns auf den Rückweg. Wir merken, daß Großvater den anderen gehört. Dennoch sagen die Leute, dass dieser Mann sich so sehr um andere kümmert. Sie haben gesehen, wie er Freunde die Auffahrt hinab geleitete, wie er für sie Zitronen im Garten pflückte. Seinem Friseur in Vallauris, Eugène Arias, schenkte er Skizzen, Michele Sapone, seinem Schneider in Nizza schenkte er Zeichnungen. Sogar seinem Hund hat er einen Teller gewidmet.

Vor dem Gartentor steht das Oldsmobile, aus dessen Kofferraum unser Vater die Leinwände auslädt. Er trägt sie ins Haus und ruft uns zu, wir sollen brav auf ihn warten. Als er zurückkommt, ist sein Schritt beschwingt und sein Gesichtsausdruck heiter. Offensichtlich hat sich mein Großvater barmherzig gezeigt. Aber nicht mit dem Herzen, sondern mit seinem Geldbeutel.

An diesem Abend essen wir eine Pizza in der Trattoria Da Luigi im Hafen von Golfe-Juan.

Ein wahrer Luxus.

Sechs

Es gab auch schöne Besuche. Dann war mein Vater entspannt, mein Großvater fröhlich. Sie redeten über Spanien, die Cousins, die immer noch dort lebten, über Reisepläne, und am Ende verabschiedeten sie sich mit einem Kuss.

Wir hielten fast die Luft an vor Angst, dass dieses Glück sich wieder verflüchtigen könnte.

Diese Besuche hatten Jahre zuvor stattgefunden, als es noch »die Kinderbande« gab, wie Großvater sie nannte. Die Kinderbande, das waren Paloma und Claude, die Kinder von Françoise Gilot, Catherine Hutin, die Tochter von Jacqueline Roque, und wir, die Kinder von Paulo. Wir waren alle bis auf zwei, drei Jahre im selben Alter. Onkel, Tante, Nichte und Neffe in kurzen Hosen, alle frech und rebellisch in der anarchischen Unordnung von La Californie: Wir spielten Himmel und Hölle auf dem Mosaik im großen Zimmer, Fangen zwischen den Bäumen und Statuen im Garten, Verstecken im Durcheinander des Ateliers, veranstalteten wilde Verfolgungsjagden durch das Treppenhaus bis in die oberen Etagen, machten Krawall, Getrampel und Geschrei, noch verstärkt durch die Freudenrufe von Picasso, dem Vater der einen, dem Großvater der anderen. Für alle war er ein Spielgefährte.

Diese Augenblicke waren märchenhaft für mich. Endlich waren wir anerkannt, und als es ans Losziehen ging, war ich es, der man die Augen beim Blindekuhspielen verband, aber ich wollte kein Quäntchen von diesem Wunder aus dem Blick verlieren, und ich schrie: »Ich will nicht *nicht sehen*. Lasst mich, ich will nicht nicht sehen.« »Nicht *nicht sehen*.« Die doppelte Verneinung ist eine Bejahung. Ich wollte jeden Krümel eines Glücks aufsammeln, das so außergewöhnlich war.

Das war in der segensreichen Zeit, als Paloma und Claude noch in La Californie empfangen wurden, bevor ihre Mutter beschloss, die Tür des Käfigs zu öffnen, in den Picasso sie zu lange Zeit eingesperrt hatte.

Das war die segensreiche Zeit, als Pablito und ich noch nicht Zeugen der grausamen Auseinandersetzungen zwischen unserer Mutter und unserem Vater waren.

Das war die segensreiche Zeit, als wir noch Kinder und nichts als Kinder sein durften.

Manchmal kam es sogar vor, dass wir alle zusammen die Nacht in einem gemeinsamen Schlafzimmer verbrachten. Wir fühlten uns wie im Paradies, aber selbst damals war es nicht mehr als eine Nacht. Unsere Anwesenheit störte Picasso bei seiner Arbeit und störte Jacqueline Roque, die mit ihrem *Monseigneur* in dem goldenen Gefängnis, das sie um ihn herum errichtet hatte, allein sein wollte.

Aber es gab auch Besuche, da wagten Pablito und ich nicht, uns überhaupt bemerkbar zu machen. Das war gewöhnlich dann, wenn mein Vater in unserem Beisein die Vorwürfe seines Vaters einzustecken hatte: »Du kannst sie nicht einmal richtig erziehen«, »Sie brauchen einen verantwortungsbewussten Vater.«

Ich fand seine willkürlichen Sermone erniedrigend und das Verhalten meines Vaters vor seinem Peiniger bemitleidenswert.

Um mich dem zu entziehen, gab ich mir alle Mühe, an etwas anderes zu denken, an das Meer, die Sonne, den Strand, die Freunde, an unser altes Boot. Ich dachte mir einen Vater aus, der Fischer war, der mich jeden Tag mit hinaus aufs Meer nahm, um Fische zu fangen, die er dann auf dem Markt verkaufte. Ich dachte mir eine Mutter aus, die bereit war, anderen Leuten im Haushalt zu helfen, um nicht mehr von Picasso abhängig zu sein, einem Picasso, der ein ganz anderer Großvater …

Ich dachte mir Eltern aus, die nicht in jene Welt gehörten, die man für mich ausgesucht hatte.

Ich erinnere mich auch an die Sonntage, da Catherine Hutin uns von dem Internat erzählte, wo ihre Mutter sie untergebracht hatte, damit sie *Monseigneur* nicht störte. Da sie nichts anderes kennen gelernt hatte, spielte sie uns in ihrem kleinen Zimmer die Lehrerin vor. Eine strenge Lehrerin, mit schmeichelndem Blick, die aber zur Strafe Schläge auf die Finger gab.

Vielleicht ließ sie uns diese Strafe darum zukommen, weil sie sich von ihrem Groll gegen Picasso befreien wollte, der sie nicht in La Californie haben wollte.

Es gab aber auch einen Tag, an dem ich – zu meiner Verwunderung – meinen Großvater traurig sah. Um die Zeit abzuschätzen, die uns noch blieb, bis Jacqueline Roque, die inzwischen Madame Picasso geworden war, uns auf die eine oder andere Art wissen ließ, dass der Besuch nun beendet sei, hatte ich unwillkürlich auf meine Armbanduhr geschaut, die meine Mutter mir gerade in einem Anfall von Großzügigkeit geschenkt hatte. In Großvaters Blick war Entsetzen zu erkennen.

»Langweilst du dich?«, hatte er mich gefragt.

Zum ersten Mal hatte mein Großvater wirklich Kummer, hatte einen ehrlichen Blick: den eines wahren Großvaters.

Um den Zauber nicht zu zerstören, habe ich nicht geantwortet. Ich hatte Angst, dass der Picasso, dem wir nichts recht machen konnten, wieder an die Oberfläche kam und diesen kurzen Moment der Zuneigung verjagte, der sich für immer in meine Erinnerung eingegraben hat.

Großvater wollte La Californie den Rücken kehren, weil Baulöwen ein großes Wohnhaus am unteren Ende des Parks gebaut hatten, das den Blick aufs Meer und die Îles de Lérins verstellte, und darum hatte er ein provenzalisches Landhaus in Mougins gekauft: Notre-Dame-de-Vie.

Notre-Dame-de-Vie war ein richtiger Bunker, der durch elektrische Drähte und Stacheldraht abgesichert war. Am Eingang wurden die Besucher durch eine Sprechanlage einer strengen Kontrolle unterzogen, und die Hunde, abgerichtete Afghanen, liefen Tag und Nacht frei im Park herum.

In Notre-Dame-de-Vie hatten sich unsere Besuche schnell in offizielle Audienzen verwandelt, die von der unerbittlichen Jacqueline zeitlich strikt begrenzt wurden. Wusste Picasso darüber Bescheid, wie sehr sie ihn abschottete? Ich fürchte ja. Nur er konnte ihr diese Macht übertragen und dabei selbst im Schatten bleiben.

Da ihn das Buch von Françoise Gilot, *Leben mit Picasso*, mehr gekränkt als geärgert hatte, wollte er Claude und Paloma nicht mehr bei sich sehen und auch Maya nicht, die Tochter von Marie-Thérèse Walter, allerdings aus sehr zweifelhaften Gründen. Nur mein Vater durfte noch zu ihm kommen. Er legte Wert darauf, dass Pablito und ich ihn begleiteten, um zu beweisen, dass er sich um uns kümmerte. Warum hat unser Vater uns nicht ein einziges Mal erlaubt, unseren Großvater ohne ihn zu besuchen? Dann hätten wir ihm zeigen können, dass wir nicht nur Mitbringsel waren. Dann hätten wir ihn in unser Bilderbuch schauen lassen, damit er verstehen konnte, was wir von ihm erwarteten.

Doch leider war der eiserne Vorhang, den man zwischen Großvater und uns herabgelassen hatte, viel zu schwer. Wie eine Mauer, die sich vor unseren Fragen, unseren Wünschen, unserem Leid auftat.

Wo ist das Licht von La Californie geblieben? Hier in Notre-Dame-de-Vie ist die Welt nur düster mit all den Friedhofszypressen, den schattigen Olivenbäumen, der unüberwindbaren Umfassungsmauer und dieser metallischen Stimme, die aus der Sprechanlage dringt, über der sich außerdem ein Zyklopenauge befindet: »Wer ist da?«

»Paulo. Paulo und die Kinder!«

Kurze Pause und dann die Worte:

»Der Meister kann Sie nicht empfangen.«

Erneuter Versuch eine Woche später und wieder diese anonyme Stimme:

»Der Meister ist nicht da …« Oder: »Der Meister ruht gerade.«

»Der Meister kann Sie empfangen.«

Endlich werden wir in eine Art Krypta mit Wänden aus Sandstein eingelassen: das Atelier des Großvaters. Jacqueline, die Priesterin des Heiligtums, kommt herein, gefolgt von Kaboul, einem ihrer Afghanenhunde.

»Passt auf, er beißt«, sagt sie noch, bevor sie wie ein Schatten wieder verschwindet.

»Hab ich euch warten lassen?«

Diese Stimme, die sich gar nicht froh anhört, gehört Großvater. Wir haben ihn nicht hereinkommen sehen. Ist er vom Himmel gefallen?

»Guten Tag, Pablo«, flüstert mein Vater, »die Kinder wollten dich gern besuchen …«

Picasso begrüßt uns mit seinem glühenden Blick.

Kurz vor Notre-Dame-de-Vie gab es auch noch das Schloss von Vauvenargues mit seinen vier Türmen und seinen vierzig Fenstern. Die Haare vom Wind zerzaust, die Augen zusammengekniffen von der Sommersonne, habe ich sie alle gezählt. Wir fuhren mit unserem Großvater und unserem Vater dorthin, wenn wir zum Stierkampf wollten, der in Arles stattfand. Manchmal fuhren wir auch ohne Picasso dorthin, und wenn unser Vater uns Angst machen wollte, erzählte er uns von dem Gespenst seines ersten Besitzers, Luc de Clapiers, Marquis de Vauvenargues, das dort sein Unwesen trieb …

Niemals hätte ich mir vorstellen können, dass eines Tages im April 1973 das Gespenst von Picasso noch hinzukommen würde, dort am Fuße der Montagne Sainte-Victoire, wo auch Cézannes Schatten herumgeistert.

Genf und meine Foltercouch. Meine Gesundheitsliege. Ich weine. Ich kann nur weinen und fühle mich schuldig.

»Warum habe ich nicht sehen können?«

Hinter mir die Stimme des Analytikers:

»Nicht sehen können? Sagen Sie es deutlicher.«

Ich schweige. Wie soll ich die Emotionen in Worte fassen, die sich in mir zusammenballen? Eindrücke von Bedauern, Liebe, Rache.

Es tut mir weh.

Warum habe ich nicht verstanden, dass Picasso allem gegenüber gleichgültig war, was nicht sein Werk betraf? Das Herzstück seines Lebens waren nicht Pablito und ich, nicht mein Vater und meine Mutter, nicht Olga, meine Großmutter, nicht die Frauen, die an ihm zugrunde gegangen sind. Nur eine einzige Sache zählte: die Malerei und nichts anderes. Um schöpferisch zu sein, musste er alles ausschalten, was seine künstlerische Arbeit behindern konnte.

Zu Christian Zervos, dem Begründer der Zeitschrift *Cahiers d'art*, hat er einmal gesagt: »Ein Gemälde ist eine Summe von Hinzufügungen. Für mich ist ein Gemälde eine Summe von Destruktionen.«

Und wir erbitten nichts weiter als einen Blick. Wie

sollten wir verstehen, dass er auch uns zerstören musste …

»Monseigneur ist nicht da.«

Monseigneur konnte nicht da sein. Nicht für uns, nicht für seine anderen Opfer. Wir waren nur die Schlacke seiner Kunst.

»Das war's für heute, Madame.«

Sieben

In Arles das Geschrei der Kissenverkäufer, die durch die Sitzreihen laufen: rote Sitzkissen, orangefarbene, violette, blaue, die das Publikum ihnen aus den Händen reißt, um weicher auf den steinernen Rängen zu sitzen. Die Verkäufer von Eis, Kuchen, Erdnüssen und Getränken bieten lauthals ihre Ware feil. Der Lärm der Menge, eine brodelnde Masse, spannungsgeladen, fanatisch, sie alle sind gekommen, um Blut fließen zu sehen.

Die *peones*, die Stierkämpfergehilfen, streichen in der Arena den frisch besprengten, ockerfarbenen Sand glatt. Um diese Zeit wirft die Sonne lange Schatten auf der einen Seite und taucht die andere Seite in helles Licht, und dort muss der Stier gleich in den Kampf ziehen.

Und dort sitzen im ersten Rang mein Großvater, mein Vater und Pablito. Drei Generationen von Spaniern mit derselben Leidenschaft im Blut: dem Leben die Stirn zu bieten und den Tod herauszufordern.

Ich existiere nicht.

Der Stierkampf ist Männersache.

Ich bin eine Ausgestoßene.

Ganz oben über den Sitzreihen lassen die Herolde ihre Trompeten ertönen. Auf dieses Signal hin durchqueren die *alguazils*, zwei schwarz gekleidete Reiter im Stil der Zeit von Philipp II., die Arena im Galopp und nehmen vor der Loge des Präsidenten Aufstellung. Mit einer Geste erkennt er ihnen das Privileg zu, den Stierkampf zu eröffnen. Auf ihren Sitzen stehend applaudiert die Menge.

Zum Klang der Blechblasinstrumente beginnt der *paseo*. Die Pferde geben den Weg auf den Kampfplatz frei, und die drei Matadoren betreten die Arena. Mit ihren Paradecapes, die sie um den linken Arm drapiert haben, marschieren sie mit kleinen Schritten, mit erhobenem Kinn und vorgewölbter Brust. Die Sonne glänzt auf ihren goldenen Gewändern.

Das Erwartungsfieber lässt Picassos Augen funkeln. Auch Pablo und Paulo werden kämpfen. Sie lächeln sich an, tauschen Blicke aus und begrüßen sich.

»¿Qué tal, Pablo? Wie geht's, Pablo?«

»¡ Muy bien, hijo! Sehr gut, mein Sohn! Luis Miguel hat mir einen guten Kampf versprochen.«

Luis Miguel Dominguin, der Matador, um dessentwillen all die *aficionados*, die Fans, heute gekommen sind, um ihn zu ehren; Dominguin, der Mann, der im Laufe seiner Karriere gegen mehr als zweitausend Stiere gekämpft und diese mit seinem Degen getötet hat, Luis Miguel Dominguin, den die Picassos, Pablito eingeschlossen, heute Morgen bereits in seinem Hotel Nord-Pinus besucht haben, während er sein glänzendes Gewand anlegte: ein Vorrecht, das sonst der Familie und nahestehenden Freunden vorbehalten ist, bevor sich der Matador allein zurückzieht, um die Hilfe der Heiligen Jungfrau und der heiligen Veronika zu erbitten.

»Bevor er unter den Hörnern stirbt«, hat Pablito stolz hinzugefügt und kurz meinen Blick gestreift.

Der Tod, der die Eingeweide zerfetzt und das Blut herausspritzen lässt.

Der Tod Pablitos, meines Bruders.

Später.

In einer anderen Arena, von Picasso entworfen.

Hinter den Matadoren – Dominguin geht in der Mitte – schreiten, nach ihrem Alter angeordnet, die zwölf Banderilleros und die acht Picadores auf ihren geharnischten Pferden, elende Schindmähren mit eingeknickten Beinen und gesenkten Ohren.

Mein Blick trifft sich mit dem Picassos. Ungerührt wendet er die Augen ab. Meine Anwesenheit stört ihn.

»Warum weinst du über das Schicksal dieser Pferde?«, hat er mich eines Tages gefragt. »Sie sind alt und nur noch gut für den Metzger.«

An diesem Tag habe ich verstanden, dass ihn das Schicksal derjenigen, die seinem Vergnügen gedient haben, nicht interessierte. Ihr Leben war für ihn nebensächlich.

Die Parade ist beendet. Die Picadores haben den Kampfplatz verlassen. Die Helfer streichen den Sand wieder glatt, den die Pferdehufe aufgewirbelt haben. Die Matadoren und ihre Cuadrillas haben wieder in der Gasse Aufstellung genommen. Solange sie auf ihren Einsatz beim Kampf warten, haben sie ihre schweren Paradecapes über die Palisade gelegt, die die erste Sitzreihe abschirmt.

Dominguin hat sein Cape zu Jacqueline Picasso bringen lassen, die im zweiten Rang neben Jean Cocteau sitzt, der eigens aus Saint-Jean Cap Ferrat angereist ist. Er geht zur *barrera* und wählt eine Capa für den Kampf aus, außen kirschrot und innen gelb.

Picassos Adlerblick registriert jede Geste. In derselben Nacht oder am nächsten Tag – wenn die Emotion noch frisch ist – wird jede Bewegung auf einer Leinwand oder einem Teller verarbeitet, oder aber unmittelbar nach dem Kampf in einem Skizzenbuch, das er immer bei sich hat, festgehalten. Mein Vater vermeidet es, ihn anzusprechen. Er weiß, dass er diesen erhabenen Augenblick nicht stören darf, der dem vergleichbar sein muss, den Dominguin durchlebt, wenn er sich zwischen die Hörner des Stiers beugt, um ihm den Todesstoß zu versetzen.

Auch Pablito respektiert diesen geheiligten Augenblick. Das Kinn zwischen seine Fäuste geklemmt, beobachtet er seinen Großvater.

Ich fühle mich nicht gut. In diesem Moment, wo sie alle mit den Gedanken bei sich sind, ähneln sie sich so sehr.

Genau wie Dominguin, der sich hinter seinem *burladero* – einer Bretterabdeckung vor der Palisade – gegen die Angst wappnet.

Die Tür des Stierzwingers öffnet sich, und der erste Stier prescht heraus, eine Welle der Gewalt entlädt sich in der Arena, mit wütenden Huftritten wird der Sand auf dem Kampfplatz aufgewühlt, er stößt mit voller Wucht gegen die Bretter am *callejón*, der Einlaufschneise, schnaubt, hat Schaum vorm Maul, bäumt sich wütend auf.

Er ist mit seiner ganzen Wut allein. Allein, um seine Haut zu retten.

Genau wie Picasso, wenn er darauf brennt, das Absolute zu erreichen, während er an einem Bild malt.

Ein Banderillero nähert sich dem Stier, reizt ihn mit seiner Capa, zwingt ihn zum Angriff. Hinter seiner Schutzwand beobachtet Dominguin seine Schritte, die Bewegungen seiner Hörner, schätzt seine Kraft ein, seine Mängel, seine Kühnheit. In seinem Gesicht sieht man die Nervenanspannung.

Jetzt ist es an ihm, dem Tier die Stirn zu bieten und seine Kraft zu feiern. Mit kleinen gleitenden Schritten betritt er die Arena. Der Stier bleibt auf der Stelle stehen. Seine Muskeln sind angespannt, in ihm brodelt es. Dominguin provoziert ihn von vorne. Er bleibt unbewegt stehen. Der Stier stürzt sich auf ihn, vergeudet seine Kraft in den Falten der Capa. Sein rechtes Horn schürft Dominguin die Brust auf. Tier und Mensch sind einen Moment wie zusammengewachsen. Ohne mit der Wimper zu zucken führt der Mann seine Figuren aus: *verónicas, manoletinas, parones,* gefährliche, perfekt ausgeführte, tadellose Bewegungen.

»¡Ole!«

»¡Anda!«

Die ganze Arena, die *plaza de toros*, hat sich erhoben und bejubelt jede Passage.

Picasso jubelt mit und schreit sich heiser.

»¡Para los pies! Anda, Luis Miguelito!«

Er beugt sich zu Pablito und zerzaust ihm die Haare: »Niño«, sagt er lachend, »parar, templar, mandar sind die drei Gebote der Tauromachie. Parar heißt, seine beiden Füße unbewegt halten, templar heißt, die Capa langsam bewegen, mandar heißt, den Stier mit der Capa kontrollieren ...«

Er wendet sich zu Cocteau und sagt zu ihm, auf meinen Bruder zeigend: »Siehst du, Jean, der hier wird mal Torero!«

»Parar, templar, mandar«, plappert Pablito nach, und seine Augen glänzen.

Sein Großvater hat ihn mit seiner Aufmerksamkeit bedacht. Nun muss er sich ihrer würdig erweisen. Mein Vater ist näher zu mir gerückt. »Geht's gut, Marina?«

Ich bin glücklich und lache ihn an.

Es geht gut. Ich habe eine Familie.

Ein Hornsignal ertönt, und der erste Akt beginnt: *la suerte de varas*.

Die Feuerprobe der Picadores.

Mit Begeisterungsrufen von der Menge empfangen, behäbig, stolz und abweisend in ihren Brokatgewändern, halten die Picadores ihren Einzug in die Arena. Unter ihrem Gewicht und dem ihrer gepolsterten Harnische hinken die Reitpferde bis zu der Stelle, die ihnen für den Kampf zugewiesen worden ist: ein mit Kalk in den Sand gezeichneter Korridor.

Sie haben verbundene Augen.

»Das macht man, um sie ruhig zu halten«, erklärt Paulo, mein Vater.

»Wenn man ein Nichts ist, sieht einem der Tod nicht ins Gesicht«, unterbricht Picasso. »Das einzige, was in der Arena zählt, ist der Tod des Stiers.«

Hommage an den Minotaurus, der sich von Fleisch ernährt.

In seiner dunklen Ecke, der *querencia*, wühlt der Stier mit seinen Hufen den Sand auf.

Die *peones* rennen quer über den Kampfplatz. Sie wirbeln mit ihren Capas und provozieren, bedrängen den Stier. Wie wild feuert das Publikum den *peone* an und ermutigt das Tier:

»¡Anda toro! Anda!«

Dem Tier tritt vor Wut der Schaum aus den Nüstern. Ein *peone*, der waghalsiger ist als die übrigen, wagt sich in die *querencia*, wo der Stier keinen Ausweg hat.

Es ist Zeit für den Kampf.

Der Stier stellt sich fest auf seine Beine, er schnaubt durch die Nüstern, und seine Hörner richten sich drohend gen Himmel. Er greift an, schnell wie ein Blitz, weicht der Capa aus, die der *peone* ihm hinhält, stürzt direkt darauf zu, macht einen Sprung zur Seite und rennt wieder auf die Capa zu, die seine Flanke berührt.

Vor ihm der Picador und vor allem das Pferd, das versucht, sich aufzubäumen. Kurzes Innehalten, eine Gnadenfrist und dann der erneute Angriff. Das Pferd wird mit voller Wucht getroffen, verliert den Halt auf dem Boden und wird gegen die Barriere geschleudert. Unter dem Schock sackt es auf seine Vorderbeine, kann sich aber wieder aufrichten. Trotz der schützenden Behänge, die seine Flanke bedecken, findet der Stier eine Stelle, ihm den Bauch aufzuschlitzen. Grausame, gezielt gesetzte Stiche mit der Lanze, der Picador stößt sie in den muskulösen Nacken des Tieres. Wie aus einem Springbrunnen ergießt sich das Blut. Scharlachrot. Furcht erregend. Eine neue Lanze und neue Stichwunden mit dem Stahl in das Fleisch des Stiers, der sich mit allen Vieren dagegen stemmt und der Waffe des Gegners noch mehr Spielraum gibt. Noch eine neue Lanze und noch eine. In der Sprache der Stierkampfkunst heißt diese Ungeheuerlichkeit *punición,* »Bestrafung«.

Bestrafung wofür? Weil er sich von der Unmenschlichkeit der Menschen hat in die Falle locken lassen? Um die Menschen in ihrer Grausamkeit zu bestärken? In ihrem Machtwillen? Um ihnen eine Wichtigkeit zu geben, die sie nicht haben? Um eines Tages auf einem Bild zu erscheinen: *Stilleben mit Stierschädel*, *Guernica*, *Minotaurus*, *Minotauromachie*?

Von weitem erklingt erneut ein Hornsignal. Die Picadores haben den Stierkampfplatz geräumt.

Ich bin am Boden zerstört.

Ich habe zu viele Lanzenstiche abbekommen.

Der Rest des Kampfes interessiert mich nicht mehr. Und auch dieses Publikum von Stierkämpfern interessiert mich nicht mehr. Picasso, den die Fotografen umlagern, mein Vater, der seine ich weiß nicht wievielte Dose Bier trinkt, meine Mutter, die sich sicherlich mit ihren kleinen Gaunern am Strand amüsiert, Cocteau, dieser herrliche Spaßmacher, Jacqueline mit ihrer schwarzen Mantilla.

Wie betäubt treffen mich die Wurfspieße der Banderilleros. Ich wünschte mir, dass der Stier wie in einem rückwärts laufenden Film seine ganze Stärke zurückbekäme, ohne die Ströme von Blut, die ihm über das Fell rinnen, ohne diese Stacheln, die man ihm in den Hals harpuniert hat. Ich wünschte mir, dass die *barrera* sich in Luft auflöste, dass die Zuschauerreihen im Erdboden versänken, dass die Toreros und das Publikum, das sie so glühend verehrt, von einem Windstoß davongetragen würden. Ich wünschte mir, dass der Stier auf seine Koppel zurückkehrte, zu seinen Artgenossen in der Herde …

Niedergesunken auf seine Hufe erwartet der Stier den letzten Akt: die *faena*, seine Tötung.

Dominguin dreht dem Stier den Rücken zu – Kränkung oder Zeichen der Arroganz – um sich den Rängen zu präsentieren. Er hebt seine Kopfbedeckung in die Höhe, schwingt sie in Richtung Picasso. Er macht ihm den Tod zum Geschenk.

Die Menge klatscht in die Hände und brüllt vor Begeisterung, während sich Pablito ängstlich an mich drückt.

Ich fasse ihn um die Schultern.

Auch ich habe Angst, genau wie er.

Wie zwei »Unzertrennliche«, wie diese Sittiche, die nur als Paar leben können, sind wir aneinander geschweißt, Hand in Hand, Stirn an Stirn. Wir wollen uns nicht an der Schande der Menschen beteiligen.

Die Olés, die schrillen Pfiffe prasseln auf uns nieder. Wir sind starr vor Angst, als käme das Fegefeuer auf uns nieder.

»Glaubst du, dass er leiden muss?«, flüstert mir Pablito zu.

Hurrarufe, Applaus und der Klang der Hörner. Ängstlich heben Pablito und ich den Kopf. In der Arena vermischt sich das Blut des Stiers mit dem ockerfarbenen Sand.

Er ist tot. Erlöst.

Auf der Präsidententribüne wird ein weißes Taschentuch geschwenkt. Auf dieses Signal hin begibt sich Dominguin zu den sterblichen Überresten des Stiers, und mit einem Degenhieb schneidet er ihm ein Ohr ab, das er meinem Großvater zuwirft.

Dieses bluttriefende Ohr verfolgt mich noch immer in meinen Träumen. Ich sehe es auf dem Sitz liegen, wo Pablito und ich eben noch gesessen haben. Ein klebriges Haarbüschel in einem widerlichen Rot, ein gelblicher Knorpel.

Meinem Großvater zu Ehren.

Dem großen *aficionado* des menschlichen Elends.

Acht

Seit Arles, vier Monate ist es her, haben wir nichts mehr von unserem Vater gehört, und natürlich haben wir auch unseren Großvater nicht wieder gesehen, für den wir völlig unwichtig sind.

Aber wir sind Picassos, Picassos genau wie er. Nur dass man auf uns mit dem Finger zeigt.

»Schau mal, der kleine Junge und das Mädchen sind die Enkel von Picasso.«

»Von dem steinreichen Maler?«

»Kennst du noch einen, der so heißt?«

Nur dass die Enkel des steinreichen Malers ihr elendes Leben in den verlassenen Straßen von Golfe-Juan fristen.

Der Sommer ist zu Ende. Die ersten Herbsttage haben die Touristen vertrieben. Der Strand ist leer, die Eisengitter vor den Restaurants sind herabgelassen, die Sonne hat sich hoffnungslos hinter Wolkenschleiern versteckt.

Es ist Zeit, seinen Schulranzen zu packen, denn das Schuljahr fängt wieder an.

Wieder einmal hat unsere Mutter eine Entscheidung

für uns gefällt. Sie hat uns an der protestantischen Schule in Cannes angemeldet.

»Das ist eine Schule mit einem guten Ruf«, hat sie zu uns gesagt.

Sie hat einen Ruf zu verteidigen.

Der Wecker klingelt. Es ist halb sieben. Schlaftrunken stehe ich auf und rüttle Pablito wach.

»Beeil dich, sonst verpassen wir den Bus.«

Wie ein Zombie steigt er aus dem Bett, sucht tastend nach seinem Hemd, seiner Hose, noch halb schlafend zieht er sich die Sachen über und kommt zu mir ins Badezimmer. Ohne laute Geräusche zu machen, erledigen wir unsere Morgentoilette. Unsere Mutter schläft noch.

Zum Frühstücken bleibt uns keine Zeit. Wir können uns gerade noch mit dem Kamm durchs Haar fahren, unsere Schuhe anziehen und die Thermosgefäße in unsere Schulranzen packen, die Madame Danielle – die freundliche Haushaltshilfe vom Sozialamt – am Abend zuvor für unsere Mittagsmahlzeit vorbereitet hat. Heute gibt es Kalbsragout.

»Das ist gesund und nahrhaft«, hat sie zu meiner Mutter gesagt. »Ich habe gleich für zwei Tage gekocht.«

Zwischen unsere Bücher und Hefte stecken wir zwei Pappteller, ein Thermosgefäß aus Metall, ein Messer, eine Gabel. Zum Nachtisch gibt es eine Apfelsine. Gestern war es ein Apfel.

Wir nehmen den Wohnungsschlüssel vom Tisch, schließen vorsichtig die Tür und stürzen die Treppe hinab, immer zwei Stufen auf einmal.

Draußen ist es noch nicht richtig hell.

Olga Kokhlova, Tänzerin bei den Ballets Russes, der Truppe von Sergei Diaghilew, 1917, im Jahr ihrer Begegnung mit Picasso. Sie heirateten ein Jahr später.

Olga im Sommer 1921 in Picassos Garagenatelier in Fontainebleau zwischen Pastellzeichnungen, die ihr Porträt zeigen; es sind Skizzen für das Gemälde *Drei Frauen am Brunnen* von 1921.

Paulo Picasso (geboren am 4. Februar 1921) auf seinem Esel in der Normandie im Sommer 1925. Das Foto erinnert an das Gemälde mit demselben Titel.

Antibes im Sommer 1923.
Picasso und Olga mit ihrem Sohn Paulo am Strand von La Garoupe.

Antibes im Sommer 1923.
Pablo Picasso mit seinem Sohn
am Strand von La Garoupe.

Cannes 1957. Picasso mit seinem Sohn Paulo in La Californie,
wo heute Marina wohnt.

EMPAQUETADURAS
PARA MAQUIN

Linke und rechte Seite: Glückwunschkarte die Olga 1951 selbst gemacht hat. Sie besteht aus Fotos von Picasso, ihr selbst, Paulo, seiner Frau Émilienne und deren Kindern Marina und Pablito.

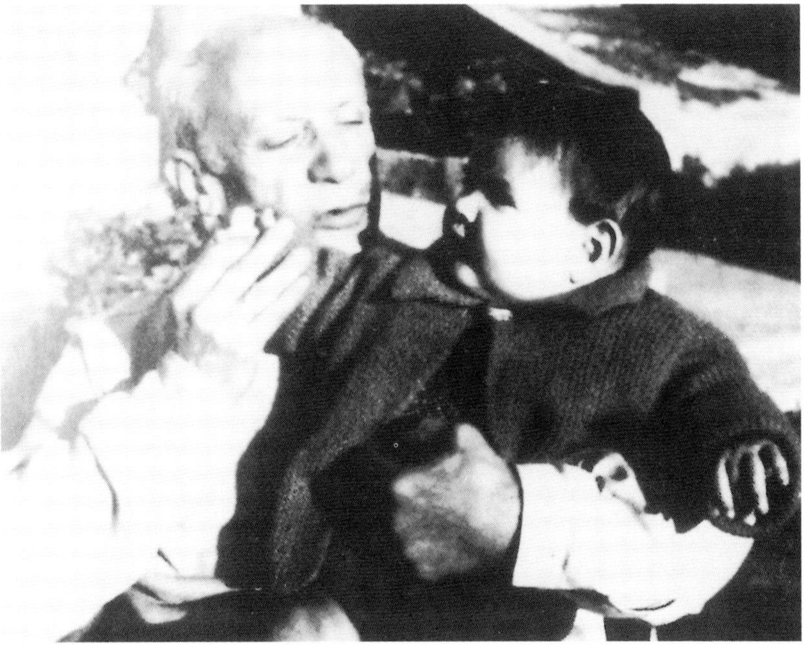

© D.R.

Picasso mit seiner Enkelin Marina, um 1951.

© D.R.

Paulo hält Pablito (geboren am 5. Mai 1949) und Marina (geboren am 14. November 1950) im Arm. Marina ist gerade ein Jahr alt.

Bei einer Abendeinladung in La Galloise in Vallauris, 1956. Im Vordergrund Marina und Pablito. Picasso steht neben seinem Freund Jean Cocteau. Picasso war mit Cocteau im Februar 1917 nach Rom gereist, um die Bühnenausstattung für *Parade* zu erarbeiten. Bei dieser Gelegenheit hatte er seine spätere Frau Olga kennengelernt.

© André Villers

Pablito in Vallauris, 1954.

© André Villers

Paulo mit seinen beiden Kindern Marina und Pablito, 1954.

© D.R.

Marina, 7 Jahre alt, und Pablito, 8 Jahre alt,
auf dem Gut Boisgeloup in der Normandie.

© D.R.

Marina und Pablito mit ihrem Vater in Boisgeloup, um 1957.

Linke Seite: Émilienne Lotte mit ihren beiden Kindern, Pablito und Marina, im Hafen von Golfe-Juan im Sommer 1956.

Marina und Pablito in der Ferienkolonie *La Farandole* in Villards-de-Lans in Savoyen, um 1958.

Marina und Pablito in Vauvenargues vor einer Bronzefigur von Picasso mit dem Titel *Der Mann mit dem Schaf* von 1943.

© D.R.

Pablito als junger Mann, um 1968.

© D.R.

Pablito 1970 mit dem Hund Lassy.

Cannes, 2001. Marina vor dem Porträt ihrer Großmutter Olga,
Porträt von Olga von 1923, in La Californie.

Das »Dorf der Jugend«, von Marina 1990 gegründet, liegt in Thu Duc, einem nördlichen Vorort von Ho Chi Minh-Stadt. Es besteht aus einer Schule, einer Sporthalle, einem Schwimmbad, einem Park und mehreren kleinen Häusern, in denen sich mit zwei »Müttern« eine Art Familienleben entwickelt hat.

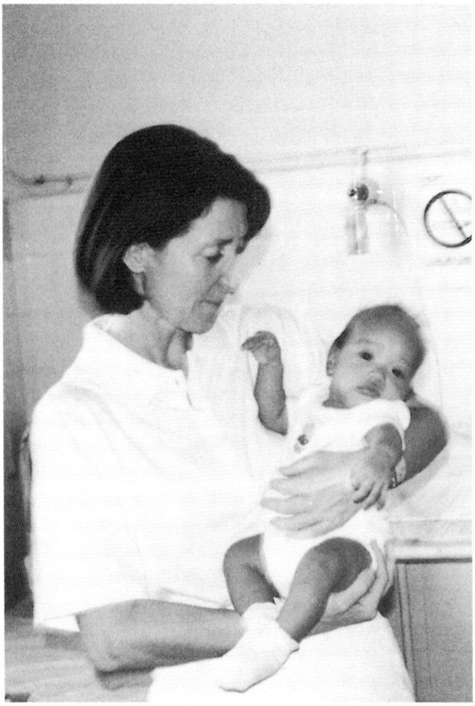

Marina 1997 bei einem Besuch in einem der Waisenhäuser, die von ihrer Stiftung finanziert werden.

Marina zu Besuch in einem der Kinderhorte, die von ihrer Stiftung unterstützt werden.

Marina Picasso in Thu Duc im »Dorf der Jugend« in Begleitung ihrer Kinder Flore, Gaël und Dimitri, 1992.

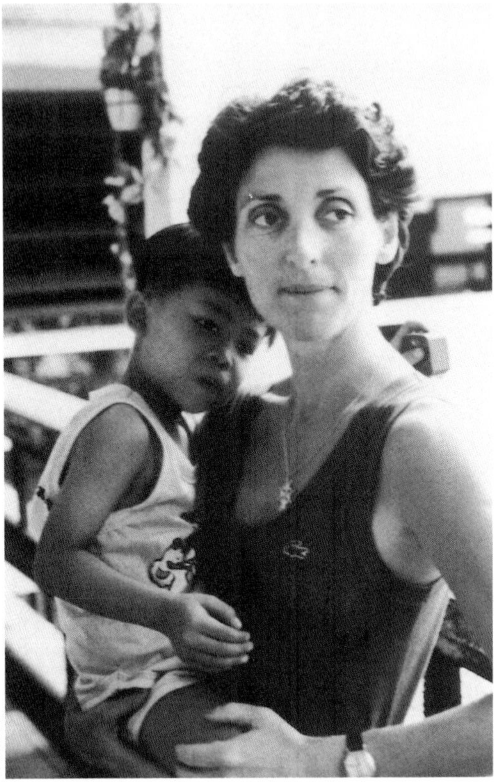

© D.R.

Marina 1992 mit einem Kind aus Go Vap, einem vietnamesischen Waisenhaus, das durch die Stiftung Marina Picasso wieder aufgebaut wurde.

© D.R.

Marina Picasso 1992 zu Besuch im »Dorf der Jugend« vor einem Familienwohnhaus mit den »Müttern«.

Ich habe keine gute Erinnerung an diese frühen Morgenstunden. Der weite Weg bis zur Nationalstraße, wo der Autobus hielt, der Müllwagen, der die Müllsäcke einsammelte, der Bahnübergang mit seinem lauttönenden Signal, das einen vorbeifahrenden Güterzug ankündigte, das alles kam mir wie ein Kreuzweg vor, den wir hinter uns bringen mussten, ob es regnete oder kalt war, mit unseren viel zu schweren Schulranzen und der Angst im Bauch, dass wir zu spät kommen könnten.

Auch der überfüllte Autobus mit all den Leuten, die nach Cannes wollten, machte mir Angst. Wir waren noch zu klein, um uns gegen ihre Drängelei wehren zu können, und darum drückten wir uns nah aneinander, um so wenig Platz wie möglich einzunehmen. An schlechten Tagen dauerte die Fahrt fünfundvierzig Minuten, und wenn wir am Bahnhof von Cannes angekommen waren, mussten wir bis zur protestantischen Schule in der Avenue de Grasse noch zwanzig Minuten zu Fuß laufen.

Die Schule heißt »Schule am Hügel«. Die Lehrerinnen sind nett. Sie mögen die Kinder gern. Sie schimpfen nicht mit uns. Sie sind menschlich und hilfsbereit und zeigen Mitgefühl mit der Situation, in der meine Mutter sich befindet. Sie wissen, dass unser Vater sich nicht um uns kümmert, dass unser Großvater nichts dazutut, seinen Enkelkindern das Leben etwas leichter zu machen. Sie verurteilen nicht und haben kein Schubladendenken. Für sie sind wir Kinder wie die anderen auch. Wir sind Marina und Pablo. Pablo und nicht Pablito. Jedenfalls nie die Picassos. Nach ihren protestantischen Grundsätzen ist es ihnen wichtig, dass wir für unsere Handlungen selbst verantwortlich sind, dass wir lernen, auf uns stolz zu sein. Nicht Auserwählte auf dieser Erde, sondern Suchende, auf der Suche nach Wohlergehen. Und das darf man nicht erwarten, sondern dafür muss man etwas geben. Lektionen über Dinge, mit denen unsere Eltern uns nicht vertraut gemacht haben.

Da sie ausgezeichnete Pädagoginnen sind, geben wir uns alle Mühe, sie nicht zu enttäuschen, und sind in allen Fächern gute Schüler. Ein Ausgleich zum sonstigen Leben.

Da wir es nicht schaffen können, in der Mittagspause den weiten Weg nach Golfe-Juan zurückzufahren, und die Schule am Hügel keinen Speisessaal besitzt, hat die Direktorin, Madame Féraud, zugestimmt, dass wir unser Mittagessen in unserer Klasse einnehmen, und zwar in der Zeit, da die anderen Schüler zum Essen zu ihrer Familie zurückkehren.

Dann sitzen wir allein an unserem Pult, holen unsere Thermosbehälter heraus, stellen unsere Pappteller hin, wickeln unsere Bestecke aus, die in eine Serviette eingerollt sind. Wir verhalten uns ungeschickt, wir sind befangen. Wir haben Angst, Flecken auf unsere Hefte zu machen, das Parkett oder unsere Kleidung zu beschmutzen. Wir knabbern in kleinen Bissen, immer auf der Hut, keine falsche Bewegung zu machen, immer ein wachsames Auge auf die Gefäße, die auf der Schräge des Pultes abrutschen könnten. Unsere Gesten ähneln denen eines Sprengmeisters, der eine Bombe entschärft. Auf unseren Stirnen bilden sich Schweißtropfen.

Häufig begnügen wir uns mit unserem Nachtisch. Bei diesem Kampf gegen die Ungeschicklichkeit sind Äpfel, Bananen und Apfelsinen unsere treuesten Verbündeten.

Wenn wir unsere Mahlzeit hinter uns gebracht haben, gehen wir auf den Schulhof, wo wir herumlaufen können, bis die Schultore sich für die anderen Kinder öffnen, die von zu Hause zurückkehren.

Dort fühlen wir uns unbeschwert. Dort können wir unserer Fantasie freien Lauf lassen.

»Heute Nacht habe ich geträumt, ich wäre ein Vogel. Ich bin über ein Haus geflogen.«

»Ich auch. Wie sah dein Haus aus?«

»Ganz klein, mit einem Kamin. Es hatte einen Garten voller Blumen.«

»Welche Blumen?«

»Nelken, Iris und Pfingstrosen. Es gab auch einen Hund.«

»Nelken, Iris und Pfingstrosen und auch noch ein Hund? Das ist komisch, Pablito, ich habe genau dasselbe geträumt.«

Wir haben dieselben Träume, lachen im selben Augenblick, begeistern uns für dieselben Dinge, leben mit denselben Geheimnissen. Jeder von uns ist eine exakte Kopie des anderen. Wir können nicht ohne einander leben. Wir sind siamesische Zwillinge, nichts kann uns trennen.

Wir sind bei Pastor Monod zum Mittagessen eingeladen, der als Vorsitzender der Schule am Hügel für ihren guten Ruf sorgt. Wir, das sind Pablito, ich und Mienne, unsere Mutter.

Sie hat ihre Haare hoch gesteckt und ein schwarzes Kostüm angezogen, um einen guten Eindruck zu machen. Ausnahmsweise ist ihr Lieblingsthema diesmal nicht Picasso, sondern ihre Lyoner Familie mit protestantischem Stammbaum.

»Eine angesehene Familie aus Forschern, Biologen und renommierten Wissenschaftlern. Leute aus dem Großbürgertum, die mich in der Konfession großgezogen haben …«

Der Pastor und seine Frau hören ihr geduldig zu.

Gott wird die Seinen schon erkennen.

Ich erinnere mich an die Familie Lotte, die meine Mutter vor unserem Pastor so in den Himmel gehoben hat. Zum Beispiel waren da Renée, die Cousine meiner Mutter, und ihre Tochter Christine, ein kleines Pummelchen mit Zöpfen und Faltenrock. Sie kamen in den Ferien nach Golfe-Juan, wohnten bei meiner mütterlichen Großmutter und gingen nachmittags mit uns an den Strand, wo sie von Mienne überschwänglich empfangen wurden …

Ich schämte mich wegen ihres demonstrativen Verhaltens, schämte mich wegen unserer Armut, während die Verwandten uns ins Restaurant einluden oder auf eine Ferienreise. Wir mussten diese Einladungen ablehnen, weil wir uns nicht dafür hätten revanchieren können.

Sie dachten bestimmt, dass meine Mutter knauserig sei.

Picasso zu heißen und keinen Pfennig zu haben, das reimte sich nicht zusammen.

»Madame, kommen Sie schnell! Marina ist bewusstlos geworden!«

Durch einen Nebel höre ich Pablito schluchzen. Weit hinten die Stimme von Madame Féraud:

»Legt sie hin! Öffnet die Knöpfe ihrer Bluse. Massiert ihr den Hals!«

Diese Ohnmachten – die Madame Féraud Angstanfälle nannte – trafen mich immer häufiger. Ein weißer Schleier zog sich über meine Augen, in meinen Ohren summte es, und Schweißperlen traten auf meine Stirn. Weder Pablito noch ich wollten unserer Mutter etwas davon erzählen. Wir wussten schon, was sie dazu sagen würde: »Das ist dein Alter«, »Du nimmst dich zu wichtig«, »Du hast etwas gegessen, was dir nicht bekommen ist«, »Du machst mir wirklich das Leben schwer«.

Trotzdem ging sie mit mir zum Arzt, und als dieser ihr mitteilte, dass ich eine Tuberkulose im Anfangsstadium hätte, rief sie sofort meinen Vater an, der ihr zu verstehen gab, dass er ihr kein Wort glaubte. Für ihn war das nur ein Trick, um ihm Geld aus der Tasche zu ziehen und ebenso seinen Vater um Geld anzuzapfen.

Nizza, Juli 1960. Professor Barraya hat mich auf seiner Station im Pasteur-Krankenhaus aufgenommen, wo ich mehrmals drei bis vier Wochen verbringen musste. Für meine neun Jahre bin ich viel zu dünn und abgemagert wie ein Skelett. Auf meinem Bett liegend starre ich auf die Flasche mit Nährlösung am Tropf, die langsam in meinen Arm hineinfließt.

Ein Tropfen, zwei Tropfen, drei Tropfen … vor allem sich nicht bewegen. Wenn die Nadel aus der Vene herausspringt, muss die Krankenschwester sie erneut hineinstechen. Meine Arme sind übersäht mit blutunterlaufenen Flecken.

Ein Tropfen, zwei Tropfen, drei Tropfen … Noch siebenundachtzig Tropfen, dann darf ich mich erheben, um meine Morgentoilette zu machen. Danach beginnt die Kur: zwei Stunden daliegen und die Decke anstarren. Danach gibt es Essen. Danach gibt es …

Die Zeit kommt mir lang vor.

Pablito darf mich nicht besuchen, aber über meinem Bett ist eine Zeichnung angepinnt, die er für mich gemacht hat: eine Gemüsefrau auf dem Markt von Nizza. Am liebsten hatte Pablito kolorierte Skizzen angefertigt, Händler und Passanten, mit Kreide aus der Erinnerung aufs Papier geworfen, abends in unserem Zimmer. Die Gemüsefrau ist seine letzte Zeichnung. Weitere hat er nicht gemacht. Als man ihm sagte, er habe das Talent seines Großvaters, hat meine Mutter ihn mit Verachtung gestraft. Daraufhin hat er seine Malstifte für immer weggepackt.

Meine Mutter kommt mich besuchen. Einer ihrer Begleiter hat sie im Auto gebracht. Sie sagt mir gleich, dass sie nicht lange bleiben könne. Sie teilt mir mit, dass sie die Wohnung in der Rue Chabrier hat vermieten können und dass wir umziehen werden. Sie hat, ebenfalls in Golfe-Juan, eine Erdgeschosswohnung zum Garten hinaus in einer Villa gefunden: der Villa Habana.

»Es ist wie bei Picasso«, erklärt sie, »von den Fenstern aus kann man das Meer sehen.«

»Darf ich einen Hund haben?«

»Das ist teuer. Dafür haben wir kein Geld.«

»Oder eine Katze?«

»Wir werden sehen.«

Ein Hupen unten auf dem Parkplatz. Sie hebt den Kopf und sagt:

»Ich werde erwartet. Wir müssen uns jetzt verabschieden. Sei brav.«

Kein Wort über meinen Vater. Er ist nicht ein einziges Mal zu mir zu Besuch gekommen.

Ich feiere meinen neunten Geburtstag.

Doktor Barraya ist schockiert, als er feststellen muss, dass meine soziale Situation solchen Kindern entspricht, die von der Sozialhilfe finanziert werden; er hat beschlossen, an meinen Großvater zu schreiben, um ihm mitzuteilen, dass mein Zustand ernst ist und ich zur Erholung unbedingt in die Berge fahren müsse. Er hat bereits Schritte unternommen und mich in einem Kinderheim angemeldet, das sich in Villard-de-Lans im Departement Isère befindet.

Der Brief ist förmlich, ohne Umschweife, erschreckend.

Die Antwort lässt auf sich warten. Picasso hat anderes zu tun, meine Gesundheit kann warten.

Ich will nicht dorthin. Ich will Pablito nicht verlassen. Ich brauche ihn. Er braucht mich. Wenn man mich dorthin schickt, werde ich mich nicht um meine Krankheit kümmern, ich werde mich aus dem Staub machen, man wird mich nicht wieder finden.

Doktor Barraya versucht, mir gut zuzureden. Ich will nichts davon hören. Wenn man mich von meinem Bruder trennt, dann will ich lieber sterben.

Wie haben sich die Dinge dann abgespielt? Hat Doktor Barraya einen weiteren Brief an meinen Großvater geschrieben? Hat mein Vater sich bei ihm für mich eingesetzt? Ich plädiere für eine andere Hypothese. Mein Großvater wird befürchtet haben, dass er sonst in eine Sache verstrickt würde, die einen dunklen Schatten auf Picasso werfen könnte, und darum wird er sich entschlossen haben, sich an einer gemeinschaftlichen Lösung zu beteiligen, indem er vorschlug, dass Pablito mich nach Villard-de-Lans begleiten sollte.

Der ideale Großvater, der, zumindest für das Publikum, seinen Enkelkindern keinen Wunsch abschlägt.

Villard-de-Lans mit seinen Weiden, der frischen Luft, der guten Milch, dem guten Brot, der guten Butter macht meine Lungen wieder gesund. Allein mit Pablito, der mir wie ein Schatten folgt, fühle ich mich frei wie nie zuvor in meinem Leben. Nach all den Jahren in Gefangenschaft zwischen einer Mutter, einem Vater und einem Großvater, die nur an sich selbst denken, muss ich endlich einmal aus mir herausgehen. Meine Opfer sind die Direktorin und der Direktor des Kinderheims. Ich erzähle ihnen alles:

»Mein Großvater wollte mich nach Spanien schicken und Pablito in die Sowjetunion. Meine Mutter hat einen Prozess gegen ihn geführt.«

Ich rede wie ein Wasserfall. Nichts kann mich stoppen.

Wildwüchsige Psychoanalyse. Ich lasse alles heraus, was ich auf dem Herzen habe. Alles, was mir Angst gemacht hat.

Die Direktorin ist in Schrecken versetzt und ruft meine Mutter an, um sie davon in Kenntnis zu setzen:

»Wir müssen ihr klarmachen, dass sie solche Dinge nicht sagen darf. Das könnte Picasso Schaden zufügen.«

Meine Mutter geht sofort in die Defensive. Wenn es sich um Picasso dreht, kennt sie keine Grenzen.

»Seine Enkelkinder sind ihm heilig. Er wollte sie sogar adoptieren, aber ich habe das nicht zugelassen.«

Alles in allem ein fabelhafter Großvater.

Seit wir in der Villa Habana wohnen, hat meine Mutter einen neuen Gefährten. Er heißt Jean und macht Töpfereien und Schmuck aus Plastik.

Alles in allem ein Künstler.

Meine Mutter hilft ihm dabei. Zusammen bearbeiten sie Polyester, den sie formen, schleifen, in das Innere von getrockneten Seepferdchen, die sie bei einem Händler kaufen, einlegen. Sie machen Anhänger, Glücksbringer, große Tafeln, die den Meeresgrund darstellen. Das Geschäft läuft gut, und meine Mutter ist glücklich, genug Geld zu verdienen; endlich muss sie nicht mehr ständig meinem Vater auf der Pelle liegen, der immer wieder vergisst, den Unterhalt zu überweisen. In den Sommerferien helfe ich ihnen ein bisschen und verdiene mir ein paar Francs mit der Gestaltung von Halsketten, die aus Eukalyptuskelchen bestehen: mein Beitrag zum Lebensunterhalt, vor allem aber kann ich davon die zwei abgemagerten Katzen ernähren, die ich unter meine Fittiche genommen habe.

Pablito möchte nicht, dass ich ihnen einen Namen gebe. Er hat ganz einfach gesagt:

»Lass ihnen eine Chance.«

Neun

Mein Vater hat sich mit uns in der Frégate, einer Bar in Golfe-Juan, getroffen. Er hat sich gerade mit Christine Pauplin verheiratet, die wir ganz gut kennen, denn wir haben die Ferien mit ihr und meinem Vater im Schloss Boisgeloup verbracht, das im Eure in der Nähe von Gisors liegt.

Ich kann mich an Christine nur noch vage erinnern. Ich weiß nur, dass sie sehr darauf bedacht war, sich nicht zwischen unseren Vater und uns zu stellen. Sie war entspannt, vielleicht auch gleichgültig, und sie ließ uns nach Lust und Laune mit den Kindern aus den benachbarten Bauernhäusern spielen: Wir erkundeten mit ihnen die Umgebung und lernten von ihnen, im Unterholz Vögel aufzuscheuchen, sie spielten mit meinem Bruder und mir Verstecken in den Scheunen und in der Ruine der kleinen Kapelle, die ganz mit Efeu überwachsen war und sich auf dem Grundstück befand, das Picasso zu der Zeit gekauft hatte, als er meine Großmutter Olga liebte. Wir gingen mit ihnen zum Eiereinsammeln in den Hühnerstall, begleiteten sie zum Melken der Kühe und tranken die frische, noch schäumende Milch. Ich mochte den Stallgeruch, den Duft von frisch gemähtem Heu. Ich durfte meine Hände überall hineinstecken: in den Schlamm, in das Stroh, ich durfte den Färsen und Kälbern die Kruppe streicheln. Mir war, als könnte mir überhaupt nichts passieren. Das Leben war schön, mein Vater war gut gelaunt. Er lachte, er freute sich, uns so frei und selbständig zu sehen und selbst so frei und selbständig zu sein. Großvater war nicht da und konnte ihn nicht in seine Fänge nehmen.

Ich glaube, dass Christine niemals versucht hat, meinen Vater zu idealisieren. Sie hat ihn so akzeptiert, wie er war, mit seinen guten und seinen schlechten Seiten. Ich glaube auch, dass sie niemals versucht hat, Picasso zu verführen. Dass mein Vater so sehr unter seiner Fuchtel stand, machte sie sicherlich traurig, aber sie wusste, dass sie daran nichts ändern konnte. Sie gehörte zu der Sorte Frauen, die einem Mann, wenn sie ihn liebten, alles zugestanden.

La Frégate. Mein Vater ist bereits dort. Er raucht eine Zigarette. Der Aschenbecher vor ihm ist voll mit Gitanes-Kippen. Mit einem Fingerschnippen ruft er den Kellner und sagt zu ihm:

»Eine Schokolade und eine Coca-Cola!«

Die Schokolade ist für mich, die Cola für Pablito.

»Läuft alles gut in der Schule? Ihr seht gesund aus …«

Die üblichen Worte: Schule, Gesundheit, unsere Pläne für die nächste Woche.

Wir haben keine Pläne.

Kurzes Schweigen und dann:

»Ich hatte keine Zeit, euch zu besuchen. Ich komme gerade aus Paris. Euer Großvater brauchte Pinsel und anderes Material. Er weiß, dass er sich auf mich verlassen kann …«

Wir sind neun und acht Jahre alt, und jetzt haben wir noch einen Halbbruder bekommen. Bernard, das Baby, das unser Vater mit seiner neuen Frau hat, ist ein legitimes Kind, ein echter Picasso wie Pablito und ich. Wir würden gerne über Bernard reden, doch weder unser Vater noch wir wagen es, das Thema anzuschneiden.

Und schon ist er aufgestanden, um die Rechnung zu bezahlen. Er nimmt einen Hundertfrancs-Schein aus einem Bündel, das er aus seiner Tasche gezogen hat. Er schaut Pablito erstaunt an. Der hat seine Coca-Cola nicht angerührt.

»Das wirst du doch wohl nicht stehen lassen«, sagt er in vorwurfsvollem Ton.

Pablito nimmt sein Glas und trinkt es mit einem Zug aus … und rennt sofort auf die Toilettentür zu. Als er zurückkommt, sind seine Augen von Tränen gerötet. Das war nicht die Coca-Cola, die er wieder ausgespuckt hat, sondern einen Vater, der nicht lieben kann.

Das Hauptanliegen der protestantischen Schule bestand nicht darin, von den Schülern Schulgeld zu kassieren, sondern ihnen einen guten Unterricht zu erteilen, und so kam es, dass Pastor Monod unserer Mutter mitteilte, dass die Institution sich aufgrund fehlender Geldmittel gezwungen sehe, ihre Tore zu schließen. Wir sind verzweifelt. Was soll nun aus uns werden?

Unsere Mutter reagiert sofort. Trotz der Streitigkeiten, die sie mit Großvater gehabt hat, schreibt sie ihm und setzt ihm auseinander, welche Mühe es sie gekostet hat, uns in dieser Schule unterzubringen. Nun benötige sie seine Hilfe. Koste es was es wolle, er müsse zu unserer Ausbildung etwas beisteuern. Sie geht noch weiter und schreibt einen zweiten Brief an Rechtsanwalt Antébi, Großvaters Anwalt, sie schaltet den Direktor des Gymnasiums Cours Chateaubriand ein, der seinerseits an Picasso schreibt. Er hat uns in seiner Schule einen Platz reserviert und erwartet nun eine Antwort.

Sie trifft schließlich ein:

»Setzen Sie sich mit meinem Anwalt in Verbindung.«

»Zwei Radiergummis … Zwei Lineale … Zwei Zirkel … Zwei Bücher … Zwei Hefte …«

In der kleinen Buchhandlung, die über Rechtsanwalt Antébi als Vermittler mit unserem Großvater eine Vereinbarung geschlossen hat, wählen Pablito und ich unsere Arbeitsmaterialien für die Schule aus. Zwei Radiergummis, zwei Lineale, zwei Zirkel, zwei Bücher, zwei Hefte. Wir dürfen nichts anderes nehmen als das, was auf der Liste steht, die man uns geschickt hat. Alles ist nummeriert und mit genauen Maßangaben versehen. Wenn wir ein zusätzliches Buch benötigen, müssen wir den verdammten Anwalt um Erlaubnis fragen. Er verwaltet das Vermögen unseres Großvaters. Es ist seine Aufgabe, wachsam zu sein.

Der Cours Chateaubriand ist eine Eliteschule, auf die meist Kinder aus wohlhabenden Familien gehen, die von ihren Eltern dort hingeschickt werden, damit diese ungehindert ihren Geldgeschäften, ihren Scheidungen und Affären nachgehen können. Kinder, die dazu verurteilt sind, den Ruf, den Namen oder das Vermögen ihrer Familie zu bewahren. Im Stich gelassene kleine Thronfolger, die darauf warten, irgendwann das Zepter zu übernehmen, währenddessen aber ihre Wochenenden und häufig auch ihre Ferien innerhalb der Mauern des Cours Chateaubriand verbringen müssen.

Genau wie wir haben sie inzwischen eine gewisse Meisterschaft darin entwickelt, ihre Herkunft zu verschleiern. Genau wie wir schämen sie sich, Waisenkinder zu sein, die berühmte Namen tragen. Nur die Lehrer bringen uns auf den Boden der Tatsachen zurück. Sie haben Respekt vor der Berühmtheit, die wir für sie repräsentieren. Später werden sie einmal begeistert erzählen:

»Ich habe die kleinen Picassos in Geschichte, Mathematik oder Französisch unterrichtet.«

Eine Auszeichnung, die offenbar akademischen Ehren vergleichbar ist.

Im Cours Chateaubriand ist Schluss mit den Thermosgefäßen und dem Kalbsragout, Schluss mit den mitgebrachten Mittagsmahlzeiten, die wie bei der Armenspeisung im Klassenzimmer eingenommen werden müssen. Hier gibt es nicht etwa einen Speisesaal, sondern ein richtiges Restaurant mit weißen Tischtüchern und einem Festmahl aus lauter leckeren Sachen.

Und trotzdem ist es immer wieder vorgekommen, dass die kleinen Picassos kein Geld hatten wie in jener Woche, als sie die Sportanzüge nicht kaufen konnten, die sie nach Anweisung ihres Sportlehrers gebraucht hätten. Um die

Kleidung zu besorgen, muss der Direktor die Zustimmung von Rechtsanwalt Antébi abwarten, der die Angelegenheit mit ihrem Großvater besprechen wird.

Die Antwort lässt zwei Monate auf sich warten.

In jener Woche werden die kleinen Picassos in das Büro des Direktors zitiert. Er teilt ihnen mit, dass ihr Großvater trotz mehrmaliger Aufforderung immer noch nicht das Schulgeld für die beiden letzten Trimester bezahlt habe. Beschämt und bedrückt müssen die kleinen Picassos nun mit ihrer Mutter reden.

»Mit dieser Angelegenheit habe ich nichts zu tun«, schreibt sie daraufhin an den Direktor. »Bitte klären Sie das mit Picasso und seinem Sekretariat.«

Zwei Monate später ist das Schulgeld für das ganze Jahr bezahlt.

Das Schulgeld ... aber immer noch nicht die Bücher, die wir uns in der Zwischenzeit anschaffen mussten.

Nun beginnt alles wieder von vorne. Die kleinen Picassos haben die Nase voll, die Rolle des Sündenbocks zu spielen.

Der Boulevard Carnot, der Bahnhof, der überheizte Bus und Golfe-Juan als Ziel: der gewöhnliche Alltag mit Spielen am Strand und unseren Freunden im Hafen. Sie stellen keine Fragen. Sie wissen alles über uns. Picasso interessiert sie nicht. Sie sind unsere Familie.

Freiheit und Flucht waren für mich eng miteinander verbunden. Ich musste die Welt sehen. Städtenamen brachten mich zum Träumen: Singapur, Melbourne, Bagdad, Kalkutta. Ich sehnte mich nach Raum und Abstand.

Um diesen Traum zu nähren, lieh ich mir das Mofa

von einem meiner Freunde aus dem Hafen und fuhr ganz allein über die kleinen Straßen, die an der Küste entlang führen. Antibes, Cap d'Antibes, La Napoule, Théoule ... Ich war zwölf, die Haare wehten im Wind. Ich kümmerte mich nicht um die Uhrzeit und nicht um die Gefahren, die auf mich lauern konnten. Das einzig Wichtige waren die Kilometer, die ich zwischen meine junge Vergangenheit und mich legte. Ich hielt an, um in einer der roten Felsbuchten von l'Estérel zu baden. Nach dem Schwimmen aß ich eine Tomate und ein Stück Brot, meinen kleinen Reiseproviant. Ich fuhr aufs Geratewohl herum und erlebte es als Abenteuer. Ich war eine Nomadin.

Dann hat mich die Polizei am Rand von Saint-Tropez angehalten. Ich hatte keine Papiere bei mir und weigerte mich, ihnen meinen Namen zu sagen. Sie haben mich weiterfahren lassen, weil ich freundlich war und glücklich aussah.

Wenn ich kein Mofa hatte, fuhr ich mit meinen Freunden per Anhalter:

»Wir haben den Bus verpasst. Könnten Sie uns bis Juan-les-Pins mitnehmen?«

Das funktionierte immer. Mit engelsgleichem Lächeln und unschuldigem Blick begaben wir uns auf die Reise nach Kythera, die Fahrer der Fahrzeuge kannten wir nicht.

Ich bin sechzehn Jahre alt, Pablito siebzehneinhalb. Wir gehen in dieselbe Klasse. Pablito hatte sich schon in der Grundschule alle Mühe gegeben, mich nicht verlassen zu müssen, und war sitzen geblieben.

Es ist Frühjahr. Am Cours Chateaubriand gehen die

Schüler nach dem Mittagessen in ein Café nur wenige Schritte von der Schule entfernt und trinken einen Kaffee auf der Terrasse. Wir können nicht mit ihnen gehen. Sie sind reich, und wir sind arm. Da wir an diesem Nachmittag keinen Unterricht mehr haben, gehen sie sicherlich ins Kino oder an den Strand irgendwo in Cannes. Liegestühle, Sonnenschirme, Tretboote, Limonade … Von ihrem Taschengeld können sie sich alles leisten.

Taschengeld: ein Wort, das wir nicht kennen.

Hin und wieder laden sie uns zu sich nach Hause ein zu einer Überraschungsparty oder auf das Boot ihres Vaters.

Wir müssen herumreden, Ausreden erfinden, um diesen Einladungen zu entgehen, die wir niemals erwidern können.

»Wir gehen nicht einfach aus. Wir sind sehr behütet.«

Wie sollen wir ihnen erklären, dass unsere Mutter sich schwer tut, den Lebensunterhalt zusammenzubringen, dass mein Vater wieder den leidigen Unterhalt nicht gezahlt hat, dass der reichste Maler der Welt sich keinen Pfifferling um uns schert?

Es stimmt. Wir sind sehr behütet.

Der Cours Chateaubriand schließt seine Pforten für die großen Ferien, und wir haben nur noch ein Jahr bis zum Abitur. Vor dem Portal sprechen die Schüler über ihre Pläne:

»Wohin fährst du dieses Jahr? Du fährst auf die Antillen?«

»Nein, ich fahr zu meiner Mutter nach Miami. Danach weiß ich noch nicht. Bestimmt fahre ich noch zu meinem Vater nach Irland. Er hat gerade wieder geheiratet.«

Dann fragen sie uns:

»Ihr fahrt bestimmt mit eurem Großvater nach Spanien, oder?«

»Ja, natürlich.«

»Ja, natürlich.«

Wieder einmal spielen wir die Farce von den verwöhnten Glückskindern, denen Picasso nichts abschlagen kann.

Besuch in Notre-Dame-de-Vie. Unser Vater hat uns zu einer Fahrt nach Cannes und Vallauris mitgenommen.

»Steigt ein, beeilt euch«, hat er uns durch die heruntergelassene Scheibe seines Autos zugerufen, »wir sind spät dran.«

Mit Verspätung zum Empfang, den Großvater gnädigerweise seinem Sohn und seinen Enkelkindern gewährt.

Wir gehören einer Sekte an, deren Großmeister Picasso ist. Unser Leben ist Bestandteil seines Lebens. Da man ihm diese Macht zugestanden hat, Tag für Tag, hat er uns seiner Herrschaft unterstellt. Er hat unsere Großmutter Olga auf dem Altar seines Egoismus geopfert. Er herrscht über meinen Vater, den er zu einem Bettler und Sklaven degradiert hat. Er nährt die Wahnvorstellungen meiner Mutter. Pablito und ich sind von seinen Launen abhängig. Er hat uns alle seinem unstillbaren Machthunger unterworfen. Er gebraucht und missbraucht. Da alle Kunstliebhaber ihn als Genie bezeichnen, ist auch er selbst der Meinung, dass seine große Begabung ihn über jedes menschliche Maß hinaushebe. Er ist ein Despot, ein Zerstörer, ein Manipulierer, ein Vampir.

Das Gartentor von Notre-Dame-de-Vie ist fest verriegelt. Mein Vater schellt. Zweimal kurz, einmal lang. Aus der Sprechanlage ertönt die Stimme von Jacqueline:

»Wer ist da?«

Sie weiß genau, dass es unser Vater ist, der uns hierher begleitet. Nur er kündigt seinen Besuch durch dieses Klingelzeichen an. Sie will ganz einfach, dass wir vor dem Eintreten wissen, dass wir eigentlich nicht erwünscht sind. Sie will uns erniedrigen. *Monseigneur* gehört ihr. Nur ihr allein. Niemand hat das Recht, den Schutzwall niederzureißen, den sie um ihren Herrn und Meister errichtet hat. Sie verspritzt sein Gift. Sie ist die Schwarze Witwe.

»Wer ist da?«

Sie gibt nicht auf. Sie will eine Antwort.

»Es ist Paulo!«

Das scharfe Klicken des elektrischen Schlosses. Hart wie ein Vorwurf. Sofort kommen die Hunde angelaufen, die Afghanen, die knurren und die Zähne fletschen. Zerberusse am Eingang zur Unterwelt, in die wir nun eintreten; sie weichen uns nicht von den Fersen. Ein Hundetrainer hat ihnen das Beißen beigebracht. Sie warten nur darauf, über uns herzufallen.

Mit bedächtigen Schritten gehen wir über den Kiesweg, der von Zypressen und Buchsbäumen gesäumt ist. Jacqueline erwartet uns in der Eingangstür zu dem kalten, kargen Gemäuer. Sie ist schwarz gekleidet. Sie ist etwas dicker geworden, ihr Gesicht wirkt hagerer.

»Monseigneur ist im kleinen Salon«, flüstert sie meinem Vater zu. »Er hat gerade seine Siesta gehalten.«

Mit einem Wort: »Haltet euch nicht zu lange auf.«

Großvater empfängt uns in seinem Sessel sitzend. Vor

ihm auf dem Tisch steht eine dampfende Schale und ein Fläschchen mit Tropfen, die Jacqueline ihm zu nehmen verordnet hat. Auf der Fahrt hierher hat unser Vater uns erzählt, dass sein Vater sich seit einiger Zeit Sorgen um seine Gesundheit mache. Aber keiner fällt darauf herein. Jeder weiß, dass er nicht krank ist und niemals krank gewesen ist. Sein Arzt – derselbe, der auch Matisse betreut hat – kommt nur, um den Schein zu wahren. Er weiß, dass die Krankheit, unter der sein Patient leidet, nur dessen Angst vor dem Altern ist.

Doch eine Sache beruhigt Picasso. All seine »Freunde« sind tot, und er ist immer noch da. Alle: Cocteau, Matisse, Braque, André Breton, Derain, Paul Éluard, sein kommunistischer Mitstreiter Sabartès, sein treuer Kamerad und Komplize aus dem *Els Quatre Gats*, dem katalanischen Café, in dem im Jahr 1900 die erste Ausstellung eines jungen Malers stattgefunden hatte, der sich Pablo Ruiz y Picasso nannte.

Und viele andere, all die anderen, die seine engen Freunde waren und mit denen er gebrochen hat, weil sie ihm nicht mehr gefielen: ein trauriges Massensterben, ein willkürliches Töten.

Großvater ist unsterblich. Pablito und ich wissen das. Er ist der stärkste Mann der Welt. Er hält die Macht in Händen. Er kann nicht sterben.

Schüchtern gehen wir in dem großen, überwölbten Zimmer auf ihn zu, indem er die wenigen Menschen empfängt, die noch Zutritt zu Notre-Dame-de-Vie haben. Er fixiert uns mit seinen leuchtenden Augen hinter Brillengläsern, die er seit kurzem trägt. Er lächelt uns ein wenig an.

»Wie geht's in der Schule?«, fragt er Pablito.

Und gleich anschließend:

»Und wie geht's deiner Mutter, Marina?«

Wir nicken nur zögernd mit dem Kopf. Was sollen wir auf solche Fragen antworten?

»Fahrt ihr in die Ferien?«, fügt er sogleich hinzu, ohne uns anzusehen.

»Nein«, antwortet Pablito mit halb erstickter Stimme.

»Das ist gut so ... Das ist gut«, antwortet er unbestimmt.

Was interessieren ihn unsere Ferien? Was interessieren ihn unsere schulischen Leistungen? Er interessiert sich nur für das, was ihn selbst betrifft.

Mein Großvater hat sich niemals die Zeit genommen, sich mit dem Schicksal seiner Nächsten zu beschäftigen. Für ihn zählte nur seine Malerei, das Leiden oder Glück, das diese Malerei ihm bescherte. Um ihr zu dienen und ihr den Gehorsam zu verweigern, und zwar genau in dem Augenblick, da er die Herrschaft über sie errang, waren ihm alle Mittel recht. Genauso wie er eine Tube ausquetschte, um die Emotion einer Farbe aus ihr herauszudrücken, so zerquetschte er erbarmungslos all jene, die auch nur einen einzigen Augenblick der Aufmerksamkeit von ihm erwarteten. Er liebte die Kinder wegen der Pastellfarben ihrer Unschuld, die Frauen wegen der sexuellen und alles verschlingenden Triebe, die sie in ihm wachriefen. Sie mussten ihr Geheimnis für ihn preisgeben. Da er frisches Fleisch liebte, zerlegte er sie in Stücke, tat ihnen Gewalt an und nährte sich von ihnen. Er verherrlichte sie in seinen Gemälden mit einer Mischung aus Blut und Sperma, nötigte ihnen seine Gewalt auf, lieferte sie dem Tod aus, wenn die sexuelle Leidenschaft nachließ, die sie in ihm erweckten. Die Wollust, die er aus dem Sex wie aus der Malerei bezog, war von derselben Art. Durch sie wollte er die Leidenschaft, die Angst und die Verachtung, die er für die Frau empfand, bannen. Er betrachtete sie als Todbringerin. Als Herrscher der Finsternis arbeitete er an seinen Frauenbildnissen nachts in seinem Atelier. Die Frauen sollten anwesend sein, aber unterwürfig und gehorsam. Mit seinem Pinsel führte er einen Stierkampf mit ihnen auf bis zur völligen Erschöpfung. Verónicas in Blau, Orange und leuchtenden Farben, Todesstoß in Rot, Granatfarben und Schwarz, in feurigen Farben. Sie waren seine Beute. Er war Minotaurus. Blutrünstige Stierkämpfe, aus denen er immer als Sieger und Lichtgestalt hervorging.

Alles, was nicht zu dieser Alchemie des Unglücks gehörte, interessierte ihn nicht. Alle, die vor seiner Gier die Flucht ergriffen oder die nicht mehr Objekt dieser Gier sein wollten, ließen ihn kalt. Auf seinem Friedhof des Vergessens gab es kein Kreuz, keine Dankbarkeit, kein Mitgefühl. Ob Frauen, Freunde, Kinder oder Enkelkinder, seiner Kunst mussten Opfer dargebracht werden.

Er war Picasso. Er war ein Genie. Ein Genie verschont niemanden. Es geht seinem Ruhm nach.

Lautlos wie ein Schatten ist Jacqueline ins Zimmer gekommen. Sie geht zu meinem Vater und flüstert ihm etwas ins Ohr. Mein Vater schüttelt traurig den Kopf und wendet sich zu uns.

»Marina, Pablito«, sagt er mit Schmerz erfüllter Stimme, »es ist Zeit, wir müssen gehen. Pablo muss allein sein. Ihr habt ihn ermüdet.«

Wir haben ihn ermüdet, wo er sich nicht einmal herbeigelassen hat, uns auch nur einen Augenblick Aufmerksamkeit zu widmen, auch nur einen Funken Interesse.

Der Empfang ist beendet. Enttäuscht gehen wir hinter Jacqueline her bis zur Tür des Heiligtums, wo Großvater uns mit seiner Gleichgültigkeit gesegnet hat. Wieder einmal hatten wir nicht die Möglichkeit, ihm klarzumachen, wer wir wirklich sind. Wieder einmal fühlen wir uns verraten. Verraten und zurückgewiesen.

Jacqueline verabschiedet sich von uns auf den Stufen der Freitreppe. Wiederwillig schüttelt sie uns die Hand und verschwindet sofort im Haus, um sich wieder zu ihrer Sonne zu begeben.

»Ich komme … ich komme«, hören wir sie im Inneren des Hauses trällern, dessen Fensterläden alle geschlossen sind. »Ich komme, Monseigneur!«

Schon der Gedanke, ihren Peiniger auch nur für den Bruchteil eines Augenblicks allein zu lassen, macht ihr zu schaffen. Ohne ihn droht sie zu ersticken wie ein Fisch, den man aus dem Wasser genommen hat.

Ich will von diesem Elend nichts mehr wissen. Ich will nicht mehr die Gewalt der einen, die Schwäche der anderen, den mächtigen Einfluss eines Despoten, der über mein Leben und das von Pablito entscheidet. Ich will meine Freiheit, meine Luft für mich allein. Ich will meinen Kopf aus dieser Schlinge ziehen, mich aus dieser Familie befreien.

»Pablito, wir müssen uns eine Arbeit suchen.«

»Wozu soll das gut sein? Du weißt genau, dass wir niemals davon loskommen. Wir sind Picassos.«

Kurz gesagt: Es bleibt einem nichts übrig, als zu leiden.

Ich habe beschlossen, dass ich nicht mehr leiden will. Ich will zu den Gegebenheiten des Schicksals Nein sagen.

Zehn

Im Sommer gibt es an der Côte d'Azur etliche Ferienheime für Kinder, deren Eltern arbeiten. Ich suche die Adressen heraus und schicke ihnen meinen Lebenslauf: »Gymnasiastin, seriös und pflichtbewusst, sucht Beschäftigung als Betreuerin.« Ich erhalte mehrere Antworten und muss mich vorstellen:

»Wie heißen Sie?«

»Marina Ruiz Picasso.«

»Die Tochter?«

»Nein, die Enkelin …«

»Ach so, die Enkelin!«

Wer bin ich für diese Leute? Eine Schwererziehbare, die Arbeit sucht, um ihrer Familie etwas zu beweisen, ein verwöhntes Kind reicher Leute, das den Armen den Broterwerb streitig machen will.

Picasso heißen und einen Job suchen? Welche Unverschämtheit! Welche Missachtung der anderen!

Stammelnd bringe ich hervor:

»Ich habe Kinder sehr gern, und wenn ich später mit meinem Medizinstudium fertig bin, möchte ich meine

Arbeit gern auf sie konzentrieren. Wenn Sie mich für diese Arbeit annehmen und mir Ihr Vertrauen entgegenbringen, werde ich mein Bestes geben, um mich nützlich zu erweisen.«

Immer und immer wieder Ausflüchte erfinden, sich ducken, den Stempel Picasso loswerden, die Sarkasmen hinnehmen, vor allem aber sich beliebt machen. Immerhin zeigen sich die Verantwortlichen bereit, mich versuchsweise einzustellen, aber es sind die Kinder, die mich akzeptieren, deren Zutrauen ich gewinnen kann und die mir von ihren Träumen erzählen:

»Später nehme ich meine Mutter mit auf eine Reise um die Welt. Wir werden uns niemals verlassen.«

»Später werde ich Lokomotivführer. Ich werde Schornsteinfeger wie Papa.«

Das »später« voller Hoffnungen. Das »später«, das mir das Herz zerreißt.

In diesem Sommer vor dem Abitur läuft alles anders. Keine Arbeit in einem Ferienlager, sondern ein Job beim Postamt in Golfe-Juan. Meine Aufgabe: Telegramme an die Bewohner meiner Stadt und ihre Feriengäste auszutragen. Eine Arbeit, die mich mit Stolz erfüllt.

»Besitzen Sie ein Fortbewegungsmittel?«, fragt mich der Postbeamte, bei dem ich mich vorstelle.

»Ja, natürlich!« Ich lüge, aber was bleibt mir anderes übrig. Ich muss diese Arbeit unbedingt bekommen, zumal der Beamte bereit ist, auch Pablito einzustellen, der Briefe sortieren soll, die um diese Jahreszeit säckeweise eintreffen. Ich laufe sofort zu einem Motorradhändler, dem ich meine Situation erkläre. Er ist bereit, mir ein gebrauchtes Solex auf Kredit zu verkaufen. Die erste Monatsrate ist Ende Juni fällig, der Restbetrag Anfang Oktober. Für den geforderten Preis richtet er sogar die Bremsen und den Motor und biegt das vordere Schutzblech wieder gerade. Ihre Hand drauf, einverstanden! Ich darf mich nun Telegrammbotin nennen, Pablito ist Gehilfe in der Sortierstelle der Post und Mitbesitzer eines gebrauchten Solex.

Mit der Umhängetasche auf dem Rücken fahre ich durch die Straßen, klingle an den Gartentoren, an den Sprechanlagen der Mietshäuser:

»Ein Telegramm für Sie!«

In der schönen Jahreszeit sind Telegramme mit schlechten Nachrichten eher selten. Meistens kündigen sie das Eintreffen eines Verwandten, eine Geburt oder ein glückliches Ereignis an und bringen mir ein Trinkgeld ein, mit dem ich mir zwei neue Reifen für den Pegasus, unser Moped, leisten kann.

Pablito ist auch glücklich. Beim Sortieren der Briefe, Verteilen der Zeitungen und der Drucksachen ist er der schnellste. Er hat ein starkes Verantwortungsgefühl. Seine Wangen sind gerötet.

Jede Woche liefern wir einen Teil unseres Lohnes bei unserer Mutter ab. Wir finden das ganz normal. Wir müssen doch zusammenhalten.

Ich kann mich nicht erinnern, mir je ein Kleidungsstück gekauft zu haben, ohne es mit ihr besprochen zu haben. Meine Modeboutique heißt Prisunic, Pablitos »Herrenausstatter« heißt genauso. Ein Rock, ein Baumwolltop, ein T-Shirt, ein paar Jeans, alles aus diesem billigen Warenhaus, war unsere ganze Bekleidung für diesen Sommer. Wir haben alles sorgsam behandelt, es musste halten, bis die Schule wieder anfing.

Der Sonntag war ein trostloser Tag. Der Strand und die vielen Leute, die dicht gedrängt im Sand lagen, erzeugten in uns Ekelgefühle, die Terrassencafés mit Heerscharen von Touristen stießen uns ab. Da wir weder Geld noch Lust hatten, uns in dieses Gewimmel zu begeben, gingen wir nach Hause und blieben bis Montagmorgen in unserem Zimmer. Da unser Vater sich keine Mühe gab, uns zu besuchen, hatten wir keine Möglichkeit, unseren Großvater zu sehen, der im Oktober seinen achtundachtzigsten Geburtstag feiern sollte. Pablito hatte dort angerufen. Er war an Jacqueline geraten.

»Wer ist da?«

»Sein Enkel.«

»Welcher?«

»Ich möchte mit meinem Großvater sprechen.«

»Aber wer sind Sie?«

»Pablo.«

»Pablo? Sie sollten wissen, junger Mann, dass es nur einen einzigen Pablo gibt. Und dieser Pablo kann jetzt nicht mit Ihnen sprechen.«

Meinen Bruder traf dies wie ein Messerstich tief ins Herz. Den Namen zu tragen, den man ihm gegeben hatte, kam einem Sakrileg gleich. Er war ein Thronräuber, jawohl. Ein Anmaßender. Einer ohne Rang. Ein Verachtenswerter.

Und dann die Stimme von Jacqueline, scharf, verächtlich:

»Der Meister ist nicht da, aber Sie können ihm schreiben.«

Wie viele Tränen habe ich im Laufe meiner Analyse vergossen, wenn ich an die Briefe dachte, die Pablito und ich an diesen Großvater geschrieben haben, der sich niemals dazu herabgelassen hat, uns ein Zeichen zu geben. Briefe, die Jacqueline vielleicht zerrissen hat. Briefe, die Großvater wohl niemals geöffnet hat. Briefe, wie Flaschenpost aus dem Meer, Notsignale, die ohne Antwort blieben.

Briefe, in denen folgendes stand:

Wir sind deine Enkelkinder, und wir brauchen dich. Wir wollen nicht mehr die kleinen Äffchen sein, die sich bei ihren Besuchen hinter dem Rücken eines Vaters verstecken müssen, den du verachtest. Wir wollen dich allein besuchen, wir wollen wissen, woran du denkst. Wir wollen, dass du uns von deiner Kindheit erzählst, damals in Malaga, von deinem Vater Don José Ruiz und deiner Mutter Doña Maria Picasso López, deren Namen du angenommen hast, von der du deine Augen und deine Körpergröße geerbt hast. Wer war deine kleine Schwester Lola? Und dein Onkel Salvador, der bei deiner Geburt Zigarrenrauch in deine Nase geblasen hat, um dich wieder zum Leben zu erwecken, nachdem die Hebamme bereits gedacht hatte, du seist tot? Und Maria de los Remedios, deine Amme, die dir die Brust gegeben hat, weil deine Mutter, Doña Maria, zu erschöpft war dafür? Da du uns unseren Vater gestohlen hast, wenden wir uns nun an dich, damit wir einen Stammbaum haben, ein Rückgrat. Damit wir an unserer Gegenwart bauen können, benötigen wir eine Vergangenheit. Gib sie uns, Großvater.

Gib sie uns, Großvater, nur ein einziges Mal!

Oktober. Für uns beginnt das neue Schuljahr am Cours Chateaubriand. Es ist das Jahr, in dem wir uns mit Literatur beschäftigen, uns mit Gide, Nietzsche, Proust, Rimbaud und Stendhal auseinander setzen. Wir überbieten uns gegenseitig an Wissen, Zustimmung und Ablehnung. Wir ereifern uns für einen Gedanken, eine Idee, eine Doktrin.

Wir durchstöbern die menschliche Seele, begeistern uns für einen Aphorismus, wir argumentieren leidenschaftlich, kritisieren, wehren uns heftig, sind starr vor Bewunderung. Thesen und Antithesen, das ist es, was unsere Persönlichkeit ausmacht.

Bei diesen Wortgefechten versuchen Jungen und Mädchen, sich näher zu kommen, sich zu verführen. Die Magie der Worte, eines Blicks, eines Lächelns. Paare finden zusammen bei einem Satz von Camus, einem Vers von Prévert:

Und sei mir nicht böse, wenn ich du zu dir sage
Zu allen, die ich liebe, sag ich du
Selbst wenn ich sie nicht kenne.

Mir gefiel dieses diskrete und schamhafte Spiel mit der Zärtlichkeit. Ich fand es verführerisch, wenn die Jungen sich bemühten, mich mit Höflichkeiten zu beeindrucken, wenn sie mir die Tür aufhielten, sich von ihrer romantischen Seite zeigten, ihr Ungestüm im Zaum hielten, sich wie Kavaliere benahmen. Eine Kusshand, ein Kuss auf die Wange genügte, um mein Herz schneller schlagen zu lassen. Das war das einzige Geschenk, das sie von mir erhielten. Das einzige, was ich von ihnen verlangte, war, dass sie mich respektierten, dass Pablito sie mochte, dass sie Pablito mochten.

Ich war sentimental und romantisch, und wenn einer von ihnen mir einen wertlosen Ring schenkte, den er auf einem Jahrmarkt gewonnen hatte, dann geriet mein Geist auf Abwege. Da mir die symbolischen Gesten so viel bedeuteten, regte dieser Ring meine Fantasie an. Sollte ich endlich Picassos Brenneisen und seiner Brandmarkung entgehen können?

Ich war so leichtgläubig zu jener Zeit.

Pablito hat sich in ein Mädchen aus unserer Klasse verliebt. Sie heißt Dominique und ist Korsin. Sie ist hübsch, sie ist sanft, nachdenklich und tiefgründig. Sie hat alle guten Eigenschaften.

Liebeleien, Freuden der Liebe, Pablito würde ihr gern seine Verliebtheit erklären, aber wie soll man »Ich liebe dich« sagen, wenn man der Liebe noch niemals begegnet ist, auch nicht in der Kindheit?

Pablito ist schamhaft und geheimnisvoll, er wagt nicht, seine kleine Korsin anzusprechen.

Dominique versteht Pablitos stumme Blicke nicht. Woher soll sie wissen, dass sie Pablito gefällt, wenn dieser sich nicht äußert?

»Was soll ich machen?«, hat er mich eines Abends in unserem Zimmer gefragt.

»Soll ich mit ihr reden?«

»Ich hätte ihr so viel zu sagen.«

»Du solltest ihr schreiben.«

Wie soll man die Worte bändigen? Pablito zögert die Entscheidung immer weiter hinaus, kann nicht zum Ausdruck bringen, was sich in seinem Herzen abspielt. Zu viel Angst, zu viele Verletzungen, zu viele zunichte gemachte Hoffnungen.

Zu viel von allem, Pablito hat zu viel Zeit verstreichen lassen. Dominique hat einen anderen gefunden.

Die Liebe kann nicht warten.

Mein Vater hat im Cours Chateaubriand angerufen. Er möchte uns sehen, aber Pablito weigert sich. Er möchte nicht mehr leiden.

Mein Vater hat sich mit mir in einem Terrassencafé gegenüber dem Bahnhof von Cannes verabredet. Er ist in Begleitung einer jungen Frau, die er aus Paris mitgebracht hat. Eine junge Frau? Céline – so ist ihr Name – dürfte neunzehn Jahre alt sein. Zwei Jahre älter als ich. Er flüstert mir ins Ohr:

»Céline ist eine Freundin. Nur eine Freundin, nichts weiter.«

An meinem amüsierten Blick sieht er, dass ich ihm kein Wort glaube. Ob Céline nun seine Freundin oder seine Geliebte ist, darum muss er sich keine Sorgen machen. Es ist nicht meine Sache, mit meiner Mutter über sie zu reden oder gar mit Christine, wenn wir uns zufällig über den Weg laufen sollten. Schon lange macht mir sein Playboy-Gehabe nichts mehr aus. Irgendwie ist er für mich ein Fremder geworden.

»Dein Bruder wollte nicht mitkommen?«, fragt er mich mit etwas kläglicher Stimme.

»Er konnte nicht mitkommen.«

Weiter geht die Unterhaltung nicht. Wir haben uns so wenig zu sagen … und halten so vieles zurück.

Zum Glück ist Céline da, Céline mit ihrem affektierten Benehmen, ihrem glucksenden Lachen, ihrem Wimperngeklimper.

Sie ist stolz darauf, mit dem Sohn und der Enkelin von Picasso, des berühmten Malers, hier sein zu dürfen.

Sie fühlt sich als Star.

Wir sind wieder umgezogen. Meine Mutter hat die Wohnung in Golfe-Juan verkauft und ein neues Haus in den umliegenden Hügeln ausfindig gemacht. Zur Villa La Rémajo gehört ein Garten mit vielen Blumen, und man kann Sonnenuntergänge in herrlichen Rottönen über dem Meer und der Bergkette l'Estérel genießen.

Uns bleiben nur noch wenige Monate bis zum Abitur im Juni. Pablito sitzt im Anzug auf seinem Bett. Seine Lippen bewegen sich, während er die Verse von Baudelaire leise vor sich hin murmelt:

Unaufhörlich an meiner Seite regt sich der Dämon,
er umschwebt mich wie eine unfühlbare Luft;
ich schlinge ihn hinab und merke, wie er in
meiner Lunge brennt…

Baudelaire, Rimbaud, Chénier, Verlaine, Apollinaire … Unablässig verleibt er sich solche verteufelten Gedichte ein, die das Leiden, die Verzweiflung und den Tod zum

Thema haben. Das Lernen für die Schule interessiert ihn nicht mehr.

»Wozu soll es gut sein?«, wiederholt er unablässig. »Ich habe ja doch keine Zukunft.«

Ich reagiere empört, weise ihn zurecht, versuche ihn zur Vernunft zu bringen:

»Dann tu doch endlich was. Jeder von uns hat seinen Platz auf der Erde!« Er zuckt die Schultern. Ich gehe ihm auf die Nerven. Er wird aggressiv:

»Hör auf, mich zu belehren und lass mich in Ruhe. Warum die Dinge beschönigen? Wir sind in einer Falle, aus der wir nicht herauskommen.«

Seine Augen sprühen Feuer. Er steht auf und sagt, bevor er aus dem Zimmer geht:

»Ich überlass dich deinen schönen Illusionen! Du wirst sie noch teuer bezahlen.«

Es stimmt, ich habe sie teuer bezahlt.

Er hat einen Zettel auf dem Tisch im Wohnzimmer zurückgelassen:

»Ich komme heute Abend nicht zurück!«

Meine Mutter ist bestürzt.

»Hat er dir gesagt, wohin er gegangen ist? Warum tut er mir das an!« Ich sage nichts. Nur ihre Befürchtungen nicht noch verstärken. Ich weiß zu gut, in welchen Zustand ihre kranken Nerven sie bringen können: Schreie, Stöhnen, Atemnot, Ohnmachten, den Notarzt rufen. Das große Spiel. Ein Spiel, das ich nicht mitmache.

»Pablito wird schon zurückkommen. Er musste noch einen Freund besuchen.«

»Nach allem, was ich für ihn getan habe!«

Ein Anfall von Narzissmus. Verfolgungswahn. Vor allem aber, sich selbst als Opfer sehen.

»Beruhige dich, Pablito wird zurückkommen.«

Kein Pablito am Cours Chateaubriand. Niemand hat ihn gesehen. Wo ist er? Keiner weiß etwas, und ich bin in Sorge. Drei Tage ist er nun schon verschwunden, ohne ein Lebenszeichen von sich zu geben. Mit meinem Solex fahre ich die Straßen ab und die kleinen Wege in der Umgebung von Golfe-Juan, von Vallauris und Valbonne. Ich rufe seinen Namen in die Heide hinaus, in den Wald, in die Schluchten.

Nur das Echo antwortet mir.

Am folgenden Tag immer noch kein Pablito. Der Direktor vom Cours Chateaubriand schickt einen Brief an Rechtsanwalt Antébi: die einzige Verbindung zwischen meinem Vater und uns. Mein Vater, den Rechtsanwalt Antébi benachrichtigt hat, stellt mich zur Rede:

»Seit drei Tagen schwänzt dein Bruder nun die Schule. Wenn du ihn siehst, sag ihm, dass ich keine Geschichten will. Euer Großvater hat genug Opfer für euch gebracht. Er bezahlt viel Geld für seine Schulbildung. Etwas Dankbarkeit wäre das Mindeste, was man verlangen kann.«

Keine Frage nach den Gründen, die Pablito dazu getrieben haben könnten, so zu handeln. Für meinen Vater ist das Kinderei. Eine Kinderei, die zur Folge haben könnte, seine Beziehung zu seinem eigenen Vater zu verschlechtern. Dafür hat Picasso nur seine unvermeidliche Beleidigung übrig:

»Du bist ein richtiger Nichtsnutz!«

Pablito ist zurückgekommen, wie er jedes Mal von seinen Fluchten zurückkehrt, die sich in immer kürzeren Abständen wiederholen. Wohin geht er? Ich weiß es nicht. Er will darauf nicht antworten. Ich respektiere sein Schweigen. Sein Handeln ist dermaßen vielsagend, dass ich mich lieber nicht dazu äußere.

In meiner Analyse habe ich sehr viel später verstanden – leider viel zu spät –, dass er keine Hoffnung mehr hatte. Er war nicht mehr in der Lage, sein Leiden in Worten auszudrücken, er musste aus diesem Kerker ausbrechen. Ziellos durch die Gegend laufen, in der Mulde eines Felsens schlafen, die Wege gehen, wie der Zufall es wollte, all das befreite ihn von der Bürde des Alltagslebens. Die Suche nach der Leere. Die Sehnsucht nach einem ungreifbaren Anderswo.

Der kleine Däumling ohne einen Sou in der Tasche, nicht einmal einen Kieselstein.

Er kam zurück, ohne ein Wort zu sagen, müde, mit eingefallenen Wangen. Ein kleiner Zweig, der sich in seinen Pullover geschoben hatte, bewies mir, dass er sich in eine Wiese gelegt hatte, der Sand in seinen Schuhen zeigte, dass er am Strand entlang gewandert war und vielleicht auch dort geschlafen hatte. Hatte er auch daran gedacht, etwas zu essen? Aus Respekt fragte ich ihn nicht.

Er war in seiner Welt.

Elf

Die Abiturprüfungen, dann die Ergebnisse. Pablito und ich haben es gerade so geschafft. Bei all dem Wirrwarr in unserem Leben hatten wir kaum erwartet, die Prüfung überhaupt zu bestehen.

Vor dem Portal des Chateaubriand-Gymnasiums machen die Schüler Pläne für die Zukunft:

»Meine Eltern haben mir geraten, an die Sciences Po oder HEC zu gehen. Später soll ich dann ihre Firma übernehmen …«

Sie reden von den teuersten Elitehochschulen für Politik und Ökonomie.

»Ich habe mich entschieden, Jura zu studieren. Später werde ich in der Anwaltskanzlei meines Vaters arbeiten …«

Ich weiß auch, was ich will. Ich möchte Medizin studieren und Kinderärztin werden.

Rechtsanwalt Antébi, den ich auf den Rat meiner Mutter hin aufsuche, hebt die Arme zum Himmel:

»Medizin! Sieben Jahre Studium! Haben Sie daran gedacht, was das kostet? Ihr Großvater wird niemals zustimmen.«

Er hat Recht, lieber nicht davon träumen. Picasso wird sich nicht nur weigern, mich zu unterstützen, ich kann mir auch schon vorstellen, was er sagen wird:

»Habe ich etwa studiert? Du tätest besser daran, Kellnerin in einer Bar zu werden.«

Kellnerin in einer Bar. Es stimmt, ich könnte mein Medizinstudium machen und abends in einer Bar aushelfen, um mein Studium zu finanzieren. So viele andere haben es auch so gemacht.

Aber ich bin nicht in der Geborgenheit aufgewachsen, ich habe nicht die Ausgeglichenheit, die mir die Kraft gibt, Geschirr zu spülen oder irgendwo zu putzen und gleichzeitig mein Studium gut zu absolvieren. Da ich immer mit dem Unbehagen im Rücken gelebt habe, wage ich nicht, Ansprüche an die Zukunft zu stellen.

Auch Pablito hat verstanden, dass ihm nichts geschenkt werden wird. Als Fatalist nimmt er die Niederlage hin. Aber man kann nicht von Niederlage sprechen, wenn man nicht mehr kämpft. Wenn man nicht mehr kämpfen will.

Aber eine Zeit lang hat er davon geträumt zu schreiben. Zu schreiben, um sich mitzuteilen. Zu schreiben, um zu schreiben. Nach Afrika zu reisen, um mit den Tieren zu sprechen, auf einem Gletscher zu sitzen, um zuzuschauen, wie der Schnee schmilzt, sich abzuschotten, um festzuhalten, was ihn bewegt und fasziniert.

Von diesen Dingen kann man nicht leben.

Um zu leben, müssen wir uns durchschlagen und uns auseinandersetzen. Nicht Pablito, er hat den Kampf aufgegeben, aber ich, die ich noch am Leben bin. Mit meiner Erfahrung als Betreuerin im Ferienheim finde ich eine Arbeitsstelle im Hospiz von Vallauris in der Abteilung für Schwerbehinderte. Meine Arbeit besteht darin, mich um eine Gruppe von behinderten Kindern zu kümmern, um Autisten, Psychotiker, Schizophrene und geistig Behinderte. Ich muss sie aus dem Bett holen, sie waschen und anziehen, ihnen zu Essen geben, sie beschäftigen, mit einem Psychologen zusammenarbeiten, der zweimal die Woche kommt. Das ist die verrufenste Abteilung im Hospiz. Einige nuckeln an ihren Fingern, andere schreien den ganzen Tag, andere bleiben still und deprimiert, wieder andere drehen sich unablässig in einem Zimmer, das eigens für sie vorgesehen ist. Die besonders Aggressiven müssen zum Schlafen angebunden werden. Ich bekomme Schläge und Teller mit Brei ins Gesicht. Ich schimpfe nicht mit ihnen, weigere mich, sie zum Essen festzubinden, wie einige andere Frauen vom Personal es machen. Ich wasche den Kindern, die ihre Exkremente essen, die Hände, putze ihnen die Zähne, streichle ihnen den Kopf.

Der Geruch von Exkrementen hat noch viele Jahre an meiner Haut geklebt, sich in meiner Seele festgesetzt. Der Geruch des Elends, des Unglücks, des Fluchs.

Von der Krankenschwester bis zum Zimmermädchen, von der Köchin bis zur Hilfsschwester haben alle mitbekommen, dass ich die Enkelin von Picasso bin.

»Sie macht sich über uns lustig. Was will sie eigentlich hier?«

Die Gemeinsten von ihnen geben mir die erniedrigendsten Arbeiten. Die Gewerkschafterinnen wollen, dass ich mich ihrem Programm anschließe.

»Mit deinem Namen können wir mehr bewirken.«

Nach einer Analyse sind die Wege, die man einmal eingeschlagen hat, nicht mehr unüberwindlich.

Es ist kein Zufall, dass ich diese Arbeit gemacht habe. Es ist kein Zufall, wenn man nach Vietnam fährt, um Kindern in Not zu helfen.

Als ich damals in das Hospiz von Vallauris ging, tat ich es, um mich nicht so allein zu fühlen. Ich hatte unbewusst das Bedürfnis, mich mit dem Unglück dieser behinderten Kinder eins zu machen, um mit meinem eigenen Unglück besser leben zu können. Ich gab meinem Leben das richtige Maß.

Nicht sie haben sich an mich gehängt. Ich habe mich an sie gehängt.

Im kommunistischen Rathaus von Vallauris – das ist man dem Genossen Picasso wohl schuldig – hat man eine Arbeit für Pablito gefunden: als Bibliothekar im Centre Hélio-marin, einem Zentrum für Traumatologie, wo Opfer von Verkehrsunfällen, Amputierte, die eine Rehabilitation benötigen, Halbseitig- und Querschnittsgelähmte hinkommen.

Pablito scheint zufrieden. Bücher sind seine Leidenschaft.

Doch leider ist die Stelle, die man ihm versprochen hatte, nicht frei. Für die Zwischenzeit bietet ihm der Personalchef eine Stelle als Hilfspfleger an. Seine Arbeit: Nachttöpfe leeren, die Betten auswaschen, den Boden reinigen, die schmutzigen Betttücher der Kranken wechseln.

Pablito nimmt an. Seit so langer Zeit schon muss er alles annehmen.

Meine Mutter hat mich von Kopf bis Fuß prüfend angeschaut.

»Du könntest ruhig etwas koketter sein«, hat sie zu mir gesagt. »Wenn man so ein Gesicht hat, muss man sich schminken. Und deine Haare. Hast du dir mal deine Haare angesehen? Und dein Kleid. Du bist angezogen wie ein Gammler.«

Leicht angewidert hat sie hinzugefügt:

»Na ja, du kannst dich eben nicht so kleiden wie ich. Du hast nicht meinen Busen. Und auch nicht meine Beine. Das Leben hat dich wirklich nicht verwöhnt.«

Ich habe nicht geantwortet. Ich war zu müde.

Pablito schlief schon, als ich in unser Zimmer kam. Ein Gedichtband von Rimbaud lag auf seiner Brust. Eine Seite war mit einem Lesezeichen markiert. Ich öffnete das Buch und las die Verse, die er mit einem Bleistift hastig unterstrichen hatte:

Der herbe Windesduft ihn nicht mehr süß erregt.
Er schläft im Sonnenschein. Die Hand hat er gelegt
Auf seine Brust. — Aus roter Wunde rieselt Blut.

Pablito lächelte im Schlaf.

Die Tage vergehen, und einer ist wie der andere. Das Klingeln des Weckers, die Tasse Tee ohne Zucker, die Dusche und der Weg zur Arbeit.

Da meine Mutter keinen Freund mehr hat und von ihren wenigen Bekannten abhängig ist, um sich fortzubewegen, kaufe ich einen VW Käfer.

»Preiswert – solide – keine Pannen«, versichert der Prospekt, der bei uns im Briefkasten lag. Nach langen Verhandlungen erklärt sich der Volkswagenhändler bereit, dass ich das Auto in Raten fünf Jahre lang abzahle.

»Das geht in Ordnung, weil Sie es sind!«

Diesmal ermöglicht mir der Name Picasso einen Kredit, der monatlich einem Viertel meines Gehalts entspricht.

Meine Mutter ist begeistert von meinem Neuerwerb:

»Marina, wenn du aus dem Hospiz kommst, denk daran, die Tüte mit Einkäufen vom Lebensmittelhändler mitzubringen, die ich bei ihm hab stehen lassen!«

»Marina, da du ja motorisiert bist, fahr doch bei der Apotheke vorbei und vergiss nicht, dir das Versicherungsformular abstempeln zu lassen, das ich dort abgegeben habe!«

»Marina, vergiss nicht, dass du mich zur Blutuntersuchung fahren musst!«

Ich bin ihre Laufbotin, ihr Chauffeur, ihre Dienerin. Was macht es ihr schon, dass ich nach der Arbeit vor Müdigkeit umfalle. Ich bin da, um sie zu bedienen.

Mein Vater trifft sich nur mit mir, um über Picasso zu reden:

»Jacqueline hat für ihn in Notre-Dame-de-Vie einen Aufzug einbauen lassen. Es fällt ihm immer schwerer, sich zu bewegen. Er weigert sich, mich zu sehen. Was denkst du darüber, Marina?«

Keine Frage nach meinem Befinden. Lediglich die Worte:

»Ich hoffe, dass es deinem Großvater gut geht. Ruf mich an, wenn du etwas von ihm hörst.«

Pablito wird immer schweigsamer. Ich bin mittlerweile die Einzige, mit der er überhaupt sprechen will:

»Erinnerst du dich noch an die Nachmittage, die wir mit unserer Großmutter Olga verbracht haben?«

»Natürlich, Pablito.«

»Und die Märchen, die sie uns in ihrer Muttersprache erzählt hat?«

»Sie hat uns geliebt, Pablito.«

»Ich wäre gern bei ihr.«

Sonntag, 8. April 1973. Wie jeden Sonntag habe ich Aufsicht im Hospiz in Vallauris. Abgesehen von ein paar Kindern, die in ihrem Zimmer schreien, ist der Dienst relativ ruhig. Die Krankenschwester, die mich ablösen soll, ist gerade eingetroffen. Mein Arbeitstag ist zu Ende. Ich darf nach Hause gehen.

Vorm Eingang des Hospizes wartet Pablito. Er ist mit seinem Mofa gekommen. Er kommt auf mich zugerannt und ruft mir mit halberstickter Stimme entgegen:

»Großvater … Großvater. Er ist tot!«

Großvater tot? Ich kann es nicht glauben.

»Das ist doch nicht wahr, Pablito? Woher weißt du es?«

»Aus dem Radio. Er ist heute Morgen um zwanzig vor zwölf gestorben. An Herzschwäche.«

Er holt noch einmal Atem und sagt dann, von Gefühlen überwältigt:

»Eine Herzattacke in Folge eines Lungenödems. Das … das haben sie jedenfalls gesagt.«

Ich bin wie erstarrt. Großvater tot, ohne dass wir ihn noch einmal gesehen haben. Gestorben allein mit Jacqueline in Notre-Dame-de-Vie. Gestorben in seiner Festung.

In völliger Einsamkeit.

Im Fernsehen sieht man das Heer von Journalisten am Gartentor von Notre-Dame-de-Vie, das mit Stacheldraht gesichert ist, davor die Polizeiwagen und dann die Stimme des Sprechers:

»Gestern, so hat uns sein Sekretär Miguel versichert, hat Picasso noch seinen üblichen Spaziergang im Park am Arm von Jacqueline Picasso gemacht. Sie wollte uns jedoch nicht empfangen. Sie ist von Schmerz überwältigt. Der Arzt der Familie kümmert sich um ihre Gesundheit.«

Wir müssen unserem Vater Bescheid sagen. Pablito telefoniert nach Paris. Eine Stimme antwortet ihm, unser Vater sei an die Côte d'Azur gefahren.

An die Côte d'Azur, ja, aber wohin?

Pablito ruft in den Hotels an, in denen unser Vater gewöhnlich absteigt. Beim vierten Anruf antwortet ihm der Mann an der Rezeption, dass er soeben nach Notre-Dame-de-Vie abgereist sei.

»Versuchen Sie, ihn dort abends zu erreichen.«

Am Abend wieder nichts. Am nächsten Tag sagt unser Vater zu Pablito:

»Die Beisetzung findet morgen im allerengsten Kreis statt. Jacqueline hat verlangt, dass niemand daran teilnimmt. Ich rufe dich wieder an.«

Pablito ist aufgebracht. Er ist empört, wird immer nervöser. Den Tränen nahe.

»Und wenn ich es erzwingen muss, ich werde meinen Großvater noch einmal sehen. Das ist mein Recht. Niemand wird mir das streitig machen.«

Ich versuche, ihn zu beruhigen.

»Pablito, wir werden nun schon seit so langer Zeit

dort nicht mehr empfangen. Das hat doch alles keinen Sinn.«

Trotz meiner Warnungen nimmt Pablito noch am selben Nachmittag sein Mofa und fährt nach Notre-Dame-de-Vie. Er klingelt mehrmals am Gartentor. Niemand öffnet ihm. Pablito klingelt weiter. Ein Wächter taucht auf, flankiert von zwei Afghanen.

»Verschwinden Sie!«, ruft er ihm zu. »Sie dürfen hier nicht herein. Ich habe Anweisung von Madame Picasso.«

Pablito insistiert:

»Ich befehle Ihnen, mir das Tor zu öffnen. Morgen wird mein Großvater beerdigt. Ich möchte ihm auf Wiedersehen sagen.«

»Verschwinden Sie!«, schreit der Aufseher. »Machen Sie, dass Sie wegkommen, oder ich lasse die Hunde los!« Wie der Teufel kommt er auf Pablito zugerannt, stürzt sich auf das Mofa und wirft Pablito in den Graben.

Hinter dem Gatter kläffen die Hunde mit hochgezogenen Lefzen.

Im Inneren von Notre-Dame-de-Vie liegt Picasso in seinem Sarg, eingehüllt in ein schwarzes, besticktes spanisches Cape. Bei dem Toten wachen Jacqueline und unser Vater.

Sie haben nichts gehört.

Seit zwei Tagen hat sich Pablito in unser Zimmer zurückgezogen, weigert sich zu sprechen, zu essen und uns zu sehen. Um ihn in Ruhe zu lassen, schlafe ich auf dem Sofa im Wohnzimmer. Diesmal verhält sich meine Mutter diskret. Sie zeigt es nicht, aber ich glaube, dass der Tod meines Großvaters ihr eine enorme Last von den Schultern genommen hat. Sie muss nun nicht mehr leiden, und vor allem müssen wir nun nicht mehr leiden.

»Was nützt es«, flüstert sie mir zu, »sich in einen solchen Zustand zu versetzen?«

Einen Zustand, für den sie teilweise mit verantwortlich ist.

Alain, ein alter Freund, der Spielkamerad von damals, der uns geholfen hat, das kleine Boot wieder seetüchtig zu machen, damals in glücklichen Tagen, ist bei uns. Schüchtern steckt er seinen Kopf durch die Tür des Zimmers, in dem sich Pablito vergraben hat.

»Alles in Ordnung?«

»Schon gut«, antwortet mein Bruder.

»Wollen wir ein bisschen reden?«

»Nein, ich möchte mich lieber ausruhen. Ich brauche jetzt Schlaf.«

An diesem Abend, bevor sie schlafen geht, flüstert sie mir noch zu:

»Vergiss nicht, mich morgen aus dem Krankenhaus abzuholen, ich muss mich dort untersuchen lassen.«

Die ewigen Untersuchungen, nach denen sie zufrieden und geheilt ist.

Bis zur nächsten Untersuchung.

Die ganze Nacht werde ich von Alpträumen verfolgt: Großvater und seine Augen. Funkelnd, unmenschlich, raubvogelhaft. Wie glühende Kohle, feindselig, unerbittlich. Und sein Lachen. Ungeheuerlich, höhnisch, grausam.

Ich schrecke aus dem Schlaf auf, in Schweiß gebadet.

Pablito schläft. Er hat seine Nachttischlampe brennen lassen.

Donnerstag, 12. April, neun Uhr. Mein Bruder scheint sich gefangen zu haben.

»Hast du gut geschlafen, Pablito?«

»Danke, sehr gut«, antwortet er mit gedämpfter Stimme.

»Ich hole Mienne aus dem Krankenhaus ab. Brauchst du irgendetwas?«

»Alles in Ordnung, Marina.«

Ich sitze am Steuer meines Autos. Mienne sitzt neben mir. Sie spürt, dass ich keine Lust habe zu sprechen, über sie zu sprechen, über ihren Blutdruck, über ihren Cholesterinspiegel.

La Fontonne, Antibes, Juan-les-Pins, Golfe-Juan, Avenue Juliette Adam, Chemin de la Rampe und dort, ganz am Ende, die Villa La Rémajo, wo Pablito auf uns warten sollte. Ich fahre mit durchgetretenem Gaspedal, schimpfe auf die roten Ampeln und all die Autos, die den Verkehr in dieser Zeit des Filmfestivals von Cannes verstopfen.

Ich öffne die Haustür. Mit gesträubten Haaren lauern dahinter die Katzen und flitzen mir zwischen den Beinen hindurch, um so schnell wie möglich aus dem Haus herauszukommen. Von einem Vorgefühl getrieben, stürze ich ins Wohnzimmer. Dort liegt Pablito ausgestreckt auf dem Sofa. Seine Haare sind mit Blut beschmiert. Seine Haare, sein Gesicht, seine Brust. Ich beuge mich über ihn. Blut strömt aus seinem Mund. Und dieser beißende, schreckliche, faulige Geruch, Ausdünstung von Krankenhaus und Leichenhalle: Bleichwasser, Javellelauge!

»Pablito! Sag was!«

Ich höre ein Grummeln. Er atmet.

Meine Mutter ist zu Tode erschrocken. Ihr Entsetzen ist so groß, dass sie kein Wort herausbringt, nicht einmal einen Schrei. Sie hebt mit den Fingern eine zerdrückte Plastiktüte hoch, eine Packung Javellelauge.

Der Geruch, die Blutung, der Schaum auf den Lippen … Pablito hat sie getrunken.

Schnell. Es muss schnell gehen. Ich wähle die 18, rufe die Feuerwehr. Mein Gott, sie müssen sich beeilen! Ich schaue auf die Uhr. Es ist halb zwölf.

Ich muss stark bleiben. Ich darf nicht zusammenbrechen. Jetzt nicht.

Endlich sind sie da mit ihrer Bahre. Sie verfrachten Pablito in den Ambulanzwagen. Ich steige auch ein, setze mich neben ihn und halte seine Hand.

»Pablito, ich bin's, deine kleine Schwester!«

Ein Blutstrom kommt aus seinem Mund. Er speit sein ganzes Blut aus.

Das Heulen der Sirene, das Holpern über die Bordsteine, die der Chauffeur überfahren muss. Der Kampf gegen die Zeit. Der Kampf gegen den Tod.

Antibes, Hôpital de la Fontonne, wo ich heute morgen noch meine Mutter abgeholt habe. Jetzt ist es die Notaufnahme.

Dort müssen wir uns trennen, dort an der Glastür, die sich vor mir schließt.

»Sei stark! Halt durch, Pablito!«

Das Warten. Der Kopf ist ganz leer, zu viel Leid ist da drin, zu viel Wut, zu viel Angst.

Endlich ein Arzt. Er kommt auf mich zu und sagt:

»Wir können Ihnen noch nichts Genaues sagen. Wir müssen warten, bis er den kritischen Punkt in achtundvierzig Stunden überwunden hat.«

»Sei stark, Pablito!«

Zwölf

Der Wiederbelebungssaal. Pablo liegt bewegungslos auf seinem Bett. Er ist an Schläuche angeschlossen, die in seinen Mund eingeführt sind, sein Atem geht ruckartig. Auf einem Kontrollbildschirm sieht man die Oszillationen seines Herzschlags. Ein Apparat überwacht seinen Blutdruck. Ein Ariadnefaden verläuft zwischen ihm und dem Tod, verschiedene Infusionen erhalten ihn am Leben.

Seine Hand in der meinen ist so zart. So zart und so zerbrechlich.

Der Wiederbelebungssaal und jetzt, nach so vielen Wochen, die Intensivstation. Pablito musste mehrmals operiert werden, um seine Speiseröhre, seinen Magen und seine Därme zu retten, die alle vom Chlor angefressen sind. Jetzt wird er mit einer Sonde ernährt. Die Ärzte erwägen verschiedene Transplantationen, doch sie sind nicht sehr zuversichtlich. Schließlich müssen sie darauf verzichten. Die Verletzungen sind zu gravierend für eine solche Art von Eingriff, man müsste ihn in ein Spezialkrankenhaus nach Marseille oder Paris überführen.

Für einen solchen Transport, der ihn retten könnte, müssten wir das Geld auftreiben, aber wir wissen nicht wie.

Da wären mein Vater oder Jacqueline, die als Erben Picassos leicht von einer Bank Kredit bekämen, aber sie melden sich nicht. Der Tod Picassos hat sie in einen Zustand versetzt, der verschleiert und weltfern ist, als seien sie in einem anderen Universum. Sie haben ihr Fundament verloren. Sie haben ihren Meister verloren. Pablitos Selbstmord ist für sie nicht so wichtig. Sie suhlen sich in ihrem verdammten Egoismus.

Endlich kann Pablito sprechen. Endlich kann er mir antworten.

»Warum hast du das getan?«

»Es gab keine Hoffnung mehr. Es gab keine andere Lösung.«

»Pablito, wir sind jung. Wir könnten uns daraus befreien, du musst mir nur vertrauen.«

Er lächelt sogar ein wenig.

»Du siehst es ja, ich wollte mich daraus befreien. Es ist mir nicht gelungen.«

»Ich bin doch da, Pablito. Du kannst dich auf mich verlassen.«

Er schaut mich an, antwortet nicht sofort, und als er endlich spricht, sind seine Worte schrecklich.

»Sie haben uns auf der Beerdigung nicht haben wollen. Sie haben uns in ihrem ganzen Leben nicht haben wollen. Wir haben uns nie auf unseren Vater verlassen können, der immer eine Marionette geblieben ist. Jetzt, wo Großvater tot ist, ist er von Jacqueline abhängig. Schwäche und Erniedrigung. Das Imperium Picasso hat sich geweigert, dein Medizinstudium zu bezahlen. Das Imperium Picasso hat zugelassen, dass du diese Arbeit voller Elend annehmen musstest. Das Imperium Picasso hat dir sämtliche Türen versperrt. Das musste endlich ein Ende haben. Weißt du was, Marina? …«

»…«

»Ich bin auf meine letzte Flucht gegangen. Um dich zu retten, bin ich zum letzten Mal geflohen. Ich musste es tun. Ein Zeichen nach ihren Maßstäben.«

»Pablito, ich bitte dich!«

»Ich wollte implodieren, unser ganzes Leid von innen zerstören. Jetzt werden sie endlich bemerken, dass du existierst. Von nun an werden sie sich um dich kümmern. Zumindest wegen der Wirkung in der Öffentlichkeit.«

Die öffentliche Meinung – also die Presse – erregt sich über »den Selbstmord des Jahrhunderts«. Alles, was mit Picasso zu tun hat, versetzt die Journalisten in Aufregung.

»Der Enkel des berühmten Malers wollte nach dem Tod seines Großvaters nicht weiterleben. Er war vierundzwanzig Jahre alt.«

»Im Schatten des großen Picasso lebte sein Enkel Pablito im Elend.«

Auf der Jagd nach Skandalen durchstöbern sie unser Privatleben, befragen alle, die je mit uns zu tun hatten und sammeln Klatsch. Bis ins kleinste Detail beschreiben sie, wie wir leben, nutzen jede Information aus und machen daraus eine Übertreibung.

»Nur wenige hundert Meter von der prunkvollen Villa ihres Großvaters entfernt lebten sie in größter Ärmlichkeit.«

Meine Mutter kennt sich vielleicht aus mit dieser Art von Klatsch. Ich kenne so etwas nicht und möchte nichts davon wissen.

Für mich ist mein Bruder das Wichtigste.

Kein Lebenszeichen von Maya, Claude und Paloma und auch nicht von meinem Vater. Sie sind beschämt, sie haben Angst, sie fürchten die Enthüllungen der Presse, sie zeigen sich lieber nicht. Die Verzweiflung ist ansteckend.

Als Einzige ist Marie-Thérèse Walter auf uns zugekommen, sehr freundlich, sehr großzügig. Sie hat meine Mutter besucht und zu ihr gesagt:

»Ich besitze zwei Bilder von Picasso. Ich werde versuchen, sie zu verkaufen.«

Nach dem Tod meines Großvaters hatte sie keinen Anspruch mehr auf den mageren Unterhalt, den er ihr zahlte, und jetzt hatte sie kein Geld mehr. Dennoch hat sie sich von diesen Bildern getrennt, um uns in diesen drei Monaten, in denen Pablito in la Fontonne lag, zu Hilfe zu kommen: eine äußerst humane Geste, vor der ich mich verneige. Auch wenn ich mich später, nachdem ich Erbin geworden war, dafür erkenntlich zeigen konnte, möchte ich meine Bewunderung aussprechen für ihre Herzlichkeit und ihren Mut. Und auch für ihre Fantasie. So schrieb sie mir später in einem Brief:

»Da du heute frei bist und mich fragst, was mir Freude machen würde, als Dank für das, was ich für dich und Pablito getan habe, kann ich nur antworten, bitte kaufe mir einen Helikopter.«

Der Gedanke gefällt mir, dass dieser Helikopter ein Scherz war. Oder ein Zeichen der Beschämung.

Ein Zeichen von größtem Anstand.

Nach sechs Wochen lässt sich mein Vater endlich im Krankenhaus von La Fontonne blicken. Eine Krankenschwester kündigt mir an, dass er am Empfang wartet.

»Pablito, er möchte dich sehen.«

Pablito wendet mir sein Gesicht zu. Sprechen erschöpft ihn. Ich neige mich über ihn und wiederhole:

»Pablito, er möchte dich sehen.«

Er lächelt mit traurigem Blick und flüstert mir zu:

»Sag ihm, es ist zu spät. Ich habe ihm nichts zu sagen.«

Pablito wiegt nur noch achtundzwanzig Kilo. Seine Verdauungsorgane werden nie mehr gesund werden. Er ist dazu verdammt, als Behinderter zu leben. Trotz allem machen wir Pläne:

»Du wirst sehen, wir werden für immer zusammenbleiben.«

»Werde ich schreiben?«

»Du wirst schreiben, Pablito.«

»Und wie soll das gehen?«

»Wir werden ein Haus für uns beide finden. Du wirst ein eigenes Zimmer haben und ich ebenso. Wir werden Vorhänge für alle Fenster kaufen. Du wirst deinen eigenen Schreibtisch haben, deine Schreibmaschine.«

Ich male ihm eine rosige Zukunft aus, damit er an das Leben glaubt und sein Leiden vergisst.

Mittwoch, 11. Juli. Man hat Pablito in ein anderes Zimmer verlegt. Die Ärzte haben ihm die Infusionen abgenommen. Ich weiß, was das bedeutet. Es gibt keine Hoffnung mehr.

Nur nicht weinen und versuchen zu lächeln.

»Weißt du, Marina, ich fange an, mich wohl zu fühlen. Ich leide nicht mehr.«

Er weiß nicht, dass man ihn unter Morphium gesetzt hat.

»Ruh dich aus, Pablito, du wirst bald wieder gesund sein. Ich muss jetzt gehen. Morgen komme ich wieder.«

Ich muss aus dem Zimmer gehen, ich möchte mit einem Arzt sprechen. Ich will die Wahrheit hören. Wie auch immer sie lautet, ich will die Wahrheit hören.

Als ich den düsteren Blick des wachhabenden Arztes sehe, begreife ich, dass mein Bruder verloren ist. Ich will es einfach nicht glauben. Das wäre einfach zu ungerecht.

»Er … er wird doch nicht sterben?«

»Fahren Sie nach Hause«, sagt er zu mir in beruhigendem Ton. »Wenn irgendetwas passiert, dann rufe ich Sie an, das verspreche ich Ihnen.«

In einen Sessel gekauert warte ich, dass es wieder Tag wird. Meine Mutter, zerschlagen von Kummer und Schmerz, hat sich ins Bett gelegt. Ich schaue auf die Uhr. Es ist viertel vor vier und jede Sekunde zählt.

Morgen. Wenn es nur endlich Morgen wäre.

Vier Uhr. Das Telefon klingelt. Das verdammte Telefon. Ich nehme ab, angsterfüllt, zitternd das Schlimmste befürchtend.

»Es ist vorbei, Ihr Bruder ist verstorben.«

Es ist der 12. Juli. Drei Monate habe ich seine Hand gehalten, nach unendlichen Tagen inständigen Bittens und Hoffens hat Pablito seinen letzten Atemzug getan. Pablito ist tot.

Die Presse macht sich über uns her. Im Radio, im Fernsehen, in allen Zeitschriften spricht man über nichts anderes als über den Tod meines Bruders. Genauer gesagt über den Tod des »Enkelsohns Picasso«.

»Er hieß Pablo. Pablo wie sein Großvater …«

Endlich darf er seinen Vornamen tragen. Seinen Vornamen im Tod.

Immer noch keine Nachricht von meinem Vater, der bestimmt vom Tod seines Sohnes gehört hat. Wie hätte es anders sein können nach all dem Wirbel, den die Journalisten um seinen Selbstmord gemacht haben?

Ich möchte ihn nicht mehr sehen, aber ich benötige ihn oder besser seine Zustimmung, damit wir Pablito neben seiner Großmutter Olga beerdigen können. Rechtsanwalt Ferrebœuf, ein sehr junger Anwalt in Antibes, ist bereit, ihm zu schreiben. Selbstverständlich kostenlos, denn wir haben kein Geld. Diesmal kommt die Antwort schnell: »Ich sehe nicht, was dagegen spricht.«

Jetzt müssen wir nur noch das Geld zusammenbringen, um die Bestattung zu bezahlen. Ich bin verzweifelt. Wir besitzen nicht einen Sou.

In Cannes sitzen die Studenten in den Terrassencafés und sprechen mit leiser Stimme miteinander. Diskret nehmen sie einen Geldschein aus der Tasche und überreichen ihn einem ihrer Kommilitonen. Ein anderer sitzt an einem Tisch und trägt die Namen in eine Liste ein.

Das Geld, das sie sammeln, ohne mir etwas davon zu sagen, soll dazu dienen, Pablitos Beerdigung vollständig zu bezahlen.

»Pablito, der du nun neben deiner Großmutter Olga ruhst, denke immer an diese Worte:

›Im Moment bist du der kleine Enkel des großen Malers, aber bald wirst du der große Enkel des kleinen Malers sein.‹

Deine Freunde vom Cours Chateaubriand haben die Botschaft verstanden. Durch ihre großzügige Geste haben sie bewiesen, dass du größer warst, unendlich viel größer als Picasso, der Maler. «

Der protestantische Friedhof von Cannes. Zwischen den Trauergästen, den Freunden und Bekannten aus Cannes und Golfe-Juan, versteckt sich ein Mann.

Er weint.

Dieser Mann ist mein Vater.

Er ist gekommen, um seinen Sohn um Verzeihung zu bitten.

Dreizehn

Mir ist alles gleich. Ich stehe auf, dusche mich, ich gehe durchs Haus, gehe an Leuten, an Dingen vorbei, ohne sie zu sehen. Ich lehne mich gegen nichts auf, habe keine Wünsche, keine Hoffnungen. Ich weiß nur eines, dass Pablito tot ist.

Alles andere ist nebensächlich.

Mienne – in meinem Herzen habe ich nicht mehr den Mut, sie als Mutter anzusehen – redet unablässig von ihrem Unglück.

»Dein Bruder. O je, dein armer Bruder!«

Sie weint, sie klagt, sie lässt sich in ihren Schmerz fallen.

»Ich werde ein Buch schreiben. Ich werde darin alles festhalten. Picasso und ich … Picasso und dein Vater … Picasso und dein Bruder. Alles, einfach alles, ich werde alles sagen.«

Wieder hat sie sich vom Syndrom Picasso einholen lassen. Sie gibt Interviews, schnappt sich alle Leute, die je mit ihr zu tun hatten. Den Lebensmittelhändler, den Bäcker, den Metzger, den Drogisten und ihre gesamte Kundschaft, sie alle werden ihre Opfer.

»Ach je, wenn Sie meinen Leidensweg durchgemacht hätten!«

Sie redet über unsere Armut, über ihre Selbstlosigkeit, die Herausforderungen, die sie hat bestehen müssen, die Angriffe, die sie hat aushalten müssen, während Picasso, der gemeine Picasso, fast unter seinen Milliarden zusammengebrochen ist.

»Man musste ihn um ein Stück Brot anflehen.«

Alle haben Mitleid mit ihr und ihrem Schmerz. Wer so viel leiden musste, verdient Mitgefühl.

Es empört mich, sein Unglück so herauszustellen. Ich weigere mich, von meinem Leiden etwas mitzuteilen. Ich bleibe stumm und schotte mich ab. Eingemauert in mein Schweigen hält man mich für gefühllos. Eine herzlose Kreatur, die ihre Mutter so grausam zurückweist.

»Es gibt keine Gerechtigkeit. Du hättest sterben sollen.«

Ich und nicht Pablito. Ich bin eine Tochter. Ich gehöre zu denen, die sie nicht liebt.

Um von ihr geliebt zu werden, beuge ich mich all ihren Wünschen und Forderungen. Ich kümmere mich um das Haus, um die Mahlzeiten, erledige alles, worum sie mich bittet. Ich magere ab, gehe zugrunde, werde magersüchtig. Doch das ist ihr egal. Ich bin ihr nicht wichtig.

Ich nehme meine Arbeit im Hospiz wieder auf, kümmere mich wieder um meine autistischen und schizophrenen Kinder. Ich ertrage ihre Schreie, ihren Wahnsinn, ihr Elend nicht mehr. Ich bin zu tief in Pablitos Elend eingetaucht.

Ich muss dem entfliehen und Distanz zwischen meine Mutter und mich legen, zwischen die Wirrnisse meines eigenen Lebens und der Alltagswirklichkeit. Ich will zu mir zurückfinden, mir eine Chance geben, alles vergessen, um endlich mit der Erinnerung an meinen Bruder allein zu sein.

Ich gebe meine Arbeit auf und fahre nach London. Ich habe dort ein Studentenwohnheim ausfindig gemacht, wo ich für einen geringen Betrag wohnen kann. In diesem Studentenheim wohnen junge Mädchen aus ganz Europa: Deutsche, Italienerinnen, Spanierinnen, natürlich auch Engländerinnen. Um mich abzulenken, gehe ich abends mit meinen Mitbewohnerinnen aus, schaue mir Football-Matches an, laufe durch die Stadt und nehme kleine Jobs an, um meinen Lebensunterhalt zu verdienen: als Babysitter, Schallplattenverkäuferin, Verkäuferin in einem Klamottengeschäft. Wenn ich niedergeschlagen bin, rufe ich meine Mutter an. Trotz allem, was sie mir antut, muss ich immer wieder ihre Stimme hören. Wenn sie nicht den Hörer gleich wieder auflegt, sagt sie mir, dass sie keine Zeit habe, mit mir zu sprechen:

»Du meldest dich immer im falschen Augenblick.«

Das stimmt, ich melde mich immer im falschen Augenblick.

Ich werde nun einen ganzen Abschnitt meines Lebens überspringen.

Wie ein Märchen könnte er beginnen: »Es war einmal« und enden mit »und sie bekamen viele Kinder«.

Das »Es war einmal« begann bereits, als ich fünfzehn Jahre alt war. Mein Prinz – denn natürlich konnte es sich nur um einen Prinzen handeln – war Arzt. Er war groß und hatte blaue Augen. In meiner kindlichen Einfalt war er mit allen guten Eigenschaften ausgestattet. Ein Arzt war doch dazu da, die Schmerzen zu lindern, und ich hatte so große Schmerzen. Ich dachte, einen Mann wie ihn wollte ich eines Tages heiraten. In meiner Naivität idealisierte ich ihn und sah bereits vor mir, wie ich meinen Kopf auf seine Schulter legte. Die Schulter eines Arztes. Ich vermischte den Mann mit seinem Beruf.

Er war …

Hier lasse ich die Seiten weiß. Weiße Seiten, die ich nur für Gaël und Flore ausfüllen werde, die Kinder, die ich mit diesem Mann bekommen habe. Die weißen Seiten könnten ein ganzes Buch füllen, das ich niemals schreiben werde. Ich bin jedoch bereit, das, was darin stehen könnte, Gaël und Flore zu offenbaren, wenn sie es eines Tages möchten. Ich habe mich so sehr darin geübt zu schweigen, um am Leben zu bleiben, aber meinen Kindern gegenüber werde ich mich bemühen, die Wahrheit zu sagen, die ganze Wahrheit.

Ich habe acht Monate in London verbracht, und als ich 1972 zurückkehrte, habe ich meiner Mutter gesagt, dass ich nicht mehr mit ihr unter einem Dach wohnen möchte. Der Mann, der der Vater meiner Kinder werden sollte, hat mir vorgeschlagen, mit ihm zusammenzuziehen. Ich muss meine Chance ergreifen. Komme, was da wolle. Ich bin erst zweiundzwanzig Jahre alt.

Villa la Rémajo. Meine Mutter hat meine Sachen vor die Tür gestellt. Nicht in einem Koffer, sondern in einem Müllsack.

Ich bin eine undankbare Tochter. Ich habe es nicht besser verdient: alles in einem grauen Müllsack.

Donnerstag, 5. Juni 1975. Am Telefon eine Stimme, die ich nicht erkenne. Es ist Christine, die Frau meines Vaters.

»Marina, dein Vater ist gerade gestorben. Er war sehr krank.«

Ich kann es nicht glauben. Das ist einfach zu viel der Grausamkeit. Großvater tot, mein Bruder tot, mein Vater tot, jetzt ist keiner mehr übrig und ich fühle mich schuldig. Schuldig, noch am Leben zu sein.

»Wann? Wo? Wie?«

Wie im Zeitraffer möchte ich die Zeit aufholen und die Distanz aufheben, die mich von meinem Vater trennt. Ihn durch Christines Mund wieder zum Leben zu erwecken.

»Sein letzter Wunsch war es, noch einmal Spanien zu sehen … Bei seiner Rückkehr hat sich seine Krankheit verschlimmert … ein Krebs, der kein Erbarmen kennt. Er ist heute Nacht gestorben.«

Und gleich anschließend die übliche Floskel:

»Er hat nicht gelitten.«

Er ist zwei Jahre nach meinem Bruder gestorben. Er war vierundfünfzig Jahre alt.

Wie oft habe ich auf der Couch des Analytikers für diesen Vater um Vergebung gebeten, mit dem ich keinen Kontakt mehr hatte. Vergebung für all die Schmerzen, die ihm sein eigener Vater zugefügt hat, Vergebung für meinen Bruder, der ihn aus seiner Erinnerung verbannt hatte, Vergebung für mich selbst, die ich gewagt hatte, ihn abzuurteilen.

Wer hat sich mit seiner Lebensgeschichte befasst? Niemand.

Er war nicht berühmt.

Am gleichen Tag ein Anruf von Claude, dem Sohn von Picasso und Françoise Gilot. Seit 1974 hat er, genau wie seine Schwester Paloma und Maya Widmayer, die Tochter von Marie-Thérèse Walter, das Recht, sich Picasso zu nennen, und sie alle haben einen Erbschaftsanspruch.

»Marina, möchtest du an der Beerdigung deines Vaters teilnehmen?«

»Wie soll ich das machen? Ich habe nicht einen Pfennig Geld in der Tasche.«

»Ich schicke dir ein Flugticket.«

Paris-Orly. Claude ist zum Flughafen gekommen, um mich abzuholen. Ich spüre, dass er verlegen ist, und ich selbst bin auch verlegen. Es ist so lange her, seit wir uns das letzte Mal gesehen haben. Er wundert sich, dass ich kein Gepäck bei mir habe. Nur das, was ich auf dem Leib trage, meine Bluejeans und Sandalen an den Füßen, aber nicht, weil ich provozieren will, sondern weil ich seit dem Tod meines Bruders nur noch das Notwendigste für mich kaufe, alles andere interessiert mich nicht.

»Morgen wirst du dich mit Rechtsanwalt Zecri treffen«, sagt Claude, »dem Nachlassverwalter deines Großvaters. Er wird dir einen Scheck aushändigen.«

Einen Scheck? Warum einen Scheck? Ich verstehe nichts.

Claude drückt mir einen Schein in die Hand. »Nimm dies fürs Erste«, fügt Claude hinzu, »du kannst ja nicht ohne Geld in Paris sein.«

Er nimmt mich mit zu sich nach Hause, er wohnt am Boulevard Saint-Germain. Seine Wohnung ist luxuriös. Wir warten dort auf seine Freundin, die er erst seit Kurzem hat, und auf etliche andere Personen, die ich nicht kenne.

»Hatten Sie eine gute Reise? Möchten Sie etwas trinken? Möchten Sie Ihr Gästezimmer sehen?«

Sie sind so zuvorkommend, so freundlich und so einfühlsam.

»Und … und mein Vater?«

Es mag seltsam klingen, aber als Claude mich fragte, ob ich ins Krankenhaus fahren wollte, wo sein Leichnam aufgebahrt lag, habe ich sofort und ohne Zögern zugestimmt. Nach so vielen Jahren der Trennung wollte ich ihn wiedersehen.

Vielleicht für Pablito und mich, vor allem aber für Pablito, dem man den Zutritt zu Notre-Dame-de-Vie verweigert hatte, als mein Großvater gestorben war, wollte ich ihn noch einmal sehen.

Und ihn leben lassen.

Mein Vater liegt dort auf seinem weißen Bett. Sein Gesicht sieht angespannt aus. Selbst im Tod noch scheint er zu leiden. Ich gehe näher an ihn heran und lege meine Hand auf seine beiden überkreuzten Hände. Vielleicht habe ich ihn sogar geküsst.

Habe ich ihn geküsst oder nur berührt? Ich weiß es nicht mehr, in diesem Zimmer mit dem fahlen Licht wollte ich mich nur versichern, dass es wirklich er war. Er, der zu Lebzeiten so abwesend und so schwach war.

Eine Wange … eine kalte Hand. Das ist alles, was mir von ihm geblieben ist.

Am nächsten Tag eröffnet mir Claude, dass er mich übers Wochenende in sein Landhaus mitnehmen möchte.

»Die Beerdigung wird erst am Dienstag stattfinden. Wenn du zwei Tage im Grünen verbringst, wird dir das sehr gut tun.«

Er hat das so beschlossen. Wie sollte ich da Nein sagen? Er hat entschieden, sich als Chef der Familie zu verhalten.

Von diesem Wochenende in der Normandie habe ich eine schlechte Erinnerung behalten. Zunächst, weil ich niemanden kannte und mich verlassen fühlte, dann aber auch, weil Claude mich aus Platzmangel ganz allein in einem einsamen Gartenhäuschen untergebracht hatte, wo ich die Nacht zitternd vor Angst verbracht habe.

Am Sonntagabend sind wir nach Paris zurückgefahren. Ein trübseliges Abendessen bei Lipp in Saint-Germain-des-près, Gespräche, von denen ich so gut wie nichts verstehe, dann Rückkehr in Claudes Wohnung.

»Gute Nacht, Marina. Wie wäre es schön gewesen, wenn Pablito heute Abend hätte bei uns sein können.«

Es ist das erste Mal, dass man über meinen Bruder spricht. Sein Selbstmord verstört. Sein Tod ist ungehörig.

Für die Spanier ist eine Beerdigung ein Fest, eine Gelegenheit, alle Verwandten wieder zu sehen, die Cousins, die Freunde, die man aus dem Blick verloren hatte. Eine *oportunidad*, wie man in Spanien sagt. Man lädt zum Essen ein, und alle holen ihre Erinnerungen heraus.

»Erinnerst du dich noch an den Tag, als …?«

Tal señor, tal honor, welch ein Herr, welch eine Ehre, man spricht über Picasso. Nicht über meinen Vater, sondern über den großen Picasso.

»Welch ein Talent! Welch ein Genie!«

Es wird getrunken, es wird gegessen. Es wird gegrölt.

Umarmungen, Gelächter. Man lässt es sich schmecken, man verzieht den Mund, man lächelt verkniffen, man wirft sich ein Augenzwinkern zu, man zügelt seine Stimme. Manche Stimmen klingen rau und holprig.

Das Essen ist beendet, die Gesellschaft geht auseinander, das Fest ist vorüber, Adieu dem Verstorbenen, morgen wird man meinen Vater vergessen haben.

Unter ihnen ist auch Vilato, ein Neffe von meinem Großvater. Er kommt auf mich zu und flüstert mir ins Ohr:

»Wie gut, dass du am Leben bist.«

Paloma, Claude, Maya, Christine und ihr Sohn Bernard, mein Halbbruder … aber auch all die anderen, die sich um mich drängen.

»Marina, du musst mutig sein.«

»Marina, dein Leben ist nicht einfach gewesen.«

»Marina, dein Großvater, dein Bruder, und jetzt dein Vater. Arme kleine Marina.«

Arme kleine Marina. Man interessiert sich für mich. Im Tod lebe ich.

Am nächsten Tag habe ich einen Termin bei Maître Bacqué de Sariac, einem der Rechtsanwälte meines Großvaters. Er hat mich zu sich bestellt, weil er mir einen Umschlag übergeben will, den mir mein Vater hinterlassen hat. Er enthält hunderttausend Francs und eine Zeile in zittriger Handschrift:

»Ich hinterlasse dir diesen Betrag, um dir zu helfen. Ich umarme dich.«

Er hat mit Paulo unterschrieben. Einfach nur Paulo.

»Ihr Vater wollte Ihnen den Umschlag selbst übergeben«, erklärt Maître Bacqué de Sariac, »aber er hat nicht gewagt, mit Ihnen Kontakt aufzunehmen.« Ich hätte ihm gern geantwortet, dass ich auf keinen Fall dieses Geld von meinem Vater angenommen hätte. Ich hätte ihm gern gesagt …

Aber wozu? Ich habe keine Rachegefühle mehr. Es ist ja nur ein Umschlag, ein Umschlag mit hunderttausend Francs.

Eine letzte Unterhaltszahlung, hinter der sich Reue verbirgt.

Claude kümmert sich sehr um mich. Ich bin aus der Provinz. Er findet es normal, mich durch das Straßengewirr von Paris zu chauffieren, durch diese Welt des Geschäftslebens.

»Heute Nachmittag wirst du Maître Zecri treffen. Er erwartet dich. Ich habe schon mit ihm telefoniert.«

Durch den Tod meines Vaters gehöre ich jetzt gemeinsam mit meinem Halbbruder Bernard zu den Erben Picassos, genau wie Claude, Jacqueline, Maya und seine Schwester Paloma. Kein Widerspruch, er möchte, dass alles geregelt abläuft.

»Weißt du, wir haben auch gelitten. Wir haben auch diese Feindseligkeit kennen gelernt …«

Er schert alles über einen Kamm, er meint, unser aller Leiden gleichsetzen zu können, aber ich habe meinen Bruder Pablito verloren.

Ich habe keine Lust, darauf zu antworten. Ich muss nichts klarstellen, ich habe keine Rechnung zu begleichen, ich habe nur einen einzigen Wunsch: aus dieser Geschichte herauszukommen und vor allem, mich von dieser Familie freizumachen, die nur durch ihr Interesse an einem Verstorbenen miteinander verbunden ist.

Rechtsanwalt Pierre Zecri, der mit der Testamentsvollstreckung beauftragte Notar, begrüßt mich, wie alle Notare die Erbberechtigten empfangen:

»Marina Picasso, Tochter von Paul Picasso und Émilienne Lotte, von letzterem geschieden, ist gemäß den testamentarisch festgesetzten Statuten vom Erblasser …«

Ich höre nicht zu. Mir gehen andere Dinge durch den Kopf. Auf dem Weg zum Rechtsanwalt habe ich den Absatz meiner einen Sandale kaputtgemacht, und ich habe keine anderen Schuhe zum Wechseln.

Ich bin abwesend. Dieses ganze juristische Blabla betrifft mich nicht.

Eine ganz andere Sache ist mir wichtig, mit dem Geld aus dem Umschlag, den mir mein Vater hinterlassen hat, und dem Scheck, den Maître Zecri mir als Vorauszahlung überreicht, werde ich Marie-Thérèse Walter das geliehene Geld zurückzahlen können, werde ich die letzten Raten für meinen VW-Käfer abzahlen und vielleicht …

Nichts. Ich habe auf nichts Lust.

Zurück in Golfe-Juan. Gleich nach meiner Ankunft gehe ich zur Bank und zahle mein erstes Kapital auf das Konto meiner Mutter ein.

Das hat rote Zahlen. Natürlich.

Meine Mutter. Sie, die immer über das Vermögen Picassos Spekulationen angestellt hat, will seltsamerweise nichts von diesem Geld wissen, über das sie ganz nach ihrem Belieben verfügen könnte. Im Gegenteil, sie lebt weiterhin sparsam. Ihre Wahnvorstellungen haben eine andere Richtung angenommen. Jetzt ist es nicht mehr Großvaters Macht, von der sie besessen ist, sondern ihre eigene Macht.

»Wie gut, dass ich für meine Tochter da bin und ihr Geld verwalten kann. Glücklicherweise hört sie auf mich. Sie verlässt sich ganz auf mich.«

Der Lebensmittelhändler, der Bäcker, der Metzger, der Drogist und ihre gesamte Kundschaft sind voller Bewunderung für sie.

Das ist für sie das Wichtigste.

Vierzehn

Wenn man seine Kindheit und Jugend so verbracht hat, dass man immer um Liebe und ein wenig Aufmerksamkeit betteln musste, wenn man niemals auch nur einen Pfennig Geld in der Tasche gehabt hat, wenn man darunter gelitten hat, einen Namen wie eine Last zu tragen, wenn man nichts hat und dennoch alles verloren hat, dann ist Erben eine Strafe.

Ich weiß, dass manch einer sagen wird:

»Ihr Großvater ist berühmt, er hinterlässt ihr ein Vermögen, sie hat enorm viel Geld … Worüber beklagt sie sich also?«

Ich beklage mich nicht. Ich grabe lediglich in meinen Erinnerungen und erzähle die Dinge so, wie ich sie erlebt habe.

Als ich zum ersten Mal zu meinen Miterben an den runden Tisch gebeten wurde, verstand ich überhaupt nicht, was man eigentlich von mir erwartete. Ich hatte nur ein Bedürfnis: mich aus dem Clan der Picassos zu befreien.

Um das so schnell wie möglich in die Tat umzusetzen,

habe ich auf den Anteil verzichtet, den meine Großmutter Olga meinem Vater vererbt hatte, habe auch auf Pablitos Anteil verzichtet, der normalerweise zur Hälfte mir und zur anderen Hälfte meinem Halbbruder Bernard zugestanden hätte. Um die Wahrheit zu sagen, ich wollte keine Auseinandersetzungen. Meine Seele war einfach zu verwundet.

Um noch mehr Freiheit zu gewinnen, brauchte ich nur noch das Nießbrauchsrecht von Christine, der zweiten Frau meines Vaters, zurückzukaufen, das heißt, ein Viertel meines Anteils. Da meine Mutter überhaupt keine Ansprüche auf ein Erbe hatte, musste ich diesen heiklen Schritt auf mich nehmen. Einfühlsam und entgegenkommend stimmte Christine sofort zu, denn sie wusste, was Pablito und ich durchgemacht hatten.

Ich hatte mich von dem Joch der Picassos befreit.

Die Bewertung von Tausenden von Kunstwerken, die mein Großvater hinterlassen hat, war dem Kunstexperten Maurice Rheims anvertraut worden. Er und eine Heerschar von Rechtsanwälten befassten sich anschließend damit, diese Tausende von Kunstwerken in so viele Partien aufzuteilen, wie es Erben gab. Die Direktoren des Picasso-Museums, Jean Leymarie und Dominique Bozo, sicherten sich den Löwenanteil, als sie die Gemälde, Zeichnungen, Lithografien, Radierungen und Keramiken auswählten, die der Staat, der ein Prioritätsrecht hat, sich als Abgabe für die Erbschaftssteuer vorbehielt. Nachdem die Honorare für Maître Rheims und die anderen Rechtsanwälte bezahlt waren – Honorare in einer Höhe, die sich auf einen ganzen Erbanteil belief –, konnten Jacqueline, Maya, Paloma, Claude, Bernard und ich endlich über das Erbe verfügen, nachdem wir selbstverständlich unsererseits unsere Erbschaftssteuer entrichtet hatten, was sich in meinem Fall auf die Hälfte des Erbes belief, das mein Großvater mir hinterlassen hatte.

Ich wollte nicht bei diesem großen Halali der Erbverteilung mitmachen. Ich sage es noch einmal, es interessierte mich einfach nicht, und als der Direktor der Nationalbank von Paris mir mitteilte, die Türen des Banksafes, der meinen Anteil des Picasso-Erbes enthielt, dürften nun geöffnet werden, weigerte ich mich rundheraus, der Aufforderung nachzukommen. Ich fühlte mich nicht stark genug, mich diesem letzten Schritt zu stellen. Da ich den Mann für all das hasste, was mein Bruder und ich hatten durchleiden müssen, fand ich es unangebracht, irgendetwas von ihm zu besitzen.

Es gelang mir nicht, den Künstler von seinem Werk zu trennen.

Auch La Californie ging in meinen Besitz über, das große Haus mit dem Gartentor, das uns so lange versperrt geblieben war, mit seinen riesigen Zimmern, in denen es immer noch nach Verboten roch. Ich wollte es nicht haben. Ich musste es verkaufen, um meine Seele zurückzugewinnen.

Ich habe versucht, es loszuwerden, aber es hat sich kein Käufer gefunden. Darum habe ich es doch behalten, ohne jedoch dort einzuziehen. Es war mir zu groß und zu mächtig. Ich hörte das Parkett knacken, den Wind in den Ecken heulen, ich fürchtete nicht nur, das Gespenst meines Großvaters zu sehen, sondern auch das von Picasso.

Die Ausmaße von La Californie machten mir Angst, wie mir lange Zeit alles Angst gemacht hat, was mir zu groß erschien. Ich erinnere mich an den Schrecken, der mich überfiel, wenn ich in den Vereinigten Staaten eine Coca-Cola in einem zu großen Glas serviert bekam oder Popcorn in einer zu großen Tüte. Die Cola, das Popcorn, die zu breiten Straßen, die weiten Räume, die Wolkenkratzer, die amerikanischen Autos, sogar der Himmel, der mich dort bedrückte, all das ließ mich das Bewusstsein verlieren.

Im Laufe meiner Analyse wurde mir klar, dass diese Phobie mit meinem Großvater zu tun hatte. Mit dem Ausmaß, das er in meinem Leben eingenommen hatte.

Jahre später – Gaël und Flore waren bereits geboren – beschloss ich, mir meine Sammlung anzusehen. Es war entsetzlich. Als ich all diese Schätze vor mir sah, ergriff mich ein solcher Schwindel, dass ich den Ort verlassen musste. Wenn man mich bat, an einer Veranstaltung über meinen Großvater teilzunehmen, war ich nicht in der Lage, dorthin zu gehen, und wenn es mir doch gelang, steigerte sich meine Angst so sehr, dass ich ohnmächtig wurde. Auf den Rat von Jan Krugier – eines Kunsthändlers, der aber vor allem ein Freund war, dem ich die Betreuung meiner Sammlung überantwortet hatte – ließ ich einige Gemälde in meine Wohnung bringen, die ich in Cannes bewohnte. Monatelang blieben sie mit der Bildseite zur Wand in einem Zimmer stehen, das ich nicht zu betreten wagte, so unerträglich waren die Angstgefühle, die sie in mir auslösten.

Viele Leute haben mich gefragt, was dieser plötzliche Reichtum für mich bedeutet hat. Wofür ich ihn nutzen wollte.

In Erinnerung an meinen Vater habe ich ein Motorrad, eine 125er gekauft, dann einen Porsche und, weil es ein Traum von ihm war, einen Ferrari, von dem ich mich aber schnell wieder getrennt habe.

In Erinnerung an meine Großmutter Olga und ihre letzten Tage in der Klinik, wo Pablito und ich sie besucht haben, habe ich mir eine Bettdecke aus Pelz anfertigen lassen, die mich an Großmutters Wärme und Eleganz erinnert.

Dann habe ich all denen, die mich an meine Kindheit in Golfe-Juan erinnerten, etwas geschenkt, Kühlschränke, Mäntel, Pelzmäntel, Radios, Fernsehapparate, Autos … Das habe ich sicherlich getan, weil wir diese Dinge damals nicht besaßen.

Dann habe ich ein Haus am Cap d'Antibes gekauft, ein Haus, das ich später meiner Mutter geschenkt habe.

Das war ich ihr schuldig.

Ich habe mir damit eine Freude gemacht.

Das war ich mir schuldig.

Und schließlich habe ich Kindern in Not am anderen Ende der Welt helfen können: meinen Kindern von Ho Chi Minh.

Das war ich ihnen schuldig.

Heute ist das Geld für mich ein Instrument der Freiheit. Nichts weiter. Ich habe ein Auto, um meine Kinder von der Schule abzuholen, ein anderes Auto, um mit meinen Kindern in die Ferien zu fahren, einen Geländewagen, um Flore und ihrem Verlobten, die einen Reitclub in Valbonne betreiben, unter die Arme zu greifen. Was diejenigen, die meinen, ich lebte wie eine Milliardärin, auch davon halten mögen, ich habe keine Jacht im Mittelmeer, ich habe niemals ein Privatflugzeug gechartert, um eine Reise zu machen, und noch weniger steige ich in Luxushotels ab, gehe in modische Clubs, wo man sich sehen lassen muss, oder sitze in Cafés herum, wo untätige Damen sich treffen.

Ich gehöre nicht zum Jetset.

Aus Gerechtigkeitsgefühl habe ich niemals Kindergeld in Anspruch genommen, und um nicht die Sozialversicherung zu beanspruchen, habe ich meine Kinder und mich privat versichert.

Das ist das Mindeste, was ich aus Scham tun kann, das ist das Mindeste, was der Respekt mir gebietet.

Aber auch bei diesem Punkt lasse ich die Seiten weiß. Über Geld zu sprechen, macht mir keinen Spaß.

Vielleicht, weil ich es habe.

Weil ich es nicht hatte, als ich es gebraucht hätte, um die Kraft aufzubringen, im Schatten eines Genies zu leben, dem es gefiel, uns zu erniedrigen.

Fünfzehn

Das Genie Picasso.

Dieses Wort »Genie«, an dem sich die »Picasso-Experten« berauschen, kränkt mich und regt mich auf. Wie können sie sich erlauben, sein künstlerisches Werk in einer überladenen, keinen Widerspruch duldenden Sprache zu analysieren, die einem Kreis von Eingeweihten vorbehalten ist? Wie können sie es wagen, sich das Recht zuzubilligen, Picasso und sein Werk in eine Festung einzuschließen, zu der nur sie allein den Schlüssel haben?

Picasso und Genie … Genie und Picasso: zwei unlöslich miteinander verbundene Wörter, die als Gesprächsstoff für ganze Abendessen in der Stadt ausreichen:

»Picasso ist einfach überwältigend. Das Genie in reinster Form! Nehmen Sie doch noch etwas Spargel. Er kommt von unserem Landgut in Lubéron.«

Und die Kommentare an der Theke:

»Der war ein Genie … ein wirkliches Genie. Wenn ich Picasso wäre, dann würde ich bei den Preisen, zu denen der sich verkauft, ein einziges Bild malen und dann Schluss machen.«

Der Name Picasso – der Name, den ich trage – ist zum Markenzeichen geworden. Man findet ihn in den Schaufenstern von Parfümerien, Schmuckgeschäften, in Aschenbechern, auf Krawatten, auf T-Shirts. Man kann nicht mehr den Fernseher einschalten, ohne eine roboterhafte Lackieranlage zu sehen, die ein Auto mit dem Namenszug Picasso signiert. Ganz zu Schweigen von der *Picasso Administration*, einem Unternehmen, das das Imperium Picasso leitet … an dem mitzuwirken ich mich geweigert habe.

Picasso, dieser unmögliche Großvater, den ich immer nur in Espadrilles gesehen habe, in alten Shorts und mit einem durchlöcherten Unterhemd bekleidet, dieser alte Spanier, der unendlich vielmehr Anarchist als Kommunist war, hätte sich niemals vorstellen können, dass sein Name eines Tages – über seine Malerei hinaus – eine Geldmaschine werden würde, die unaufhörlich produziert.

Nach vierzehn Jahren Analyse bin ich mir darüber im Klaren, in welcher Hinsicht das Bild, das ich von meinem Großvater hatte, deformiert, Furcht erregend und Angst einflößend war. Durch die Brille meines Vaters gesehen, war er verächtlich und geizig. Durch die meiner Mutter gesehen, war er pervers und gefühllos. Jacqueline mit ihrem ewigen *Monseigneur* hat uns schließlich den Todesstoß versetzt. Sie hat ihn uns als einen jener grausamen Götter vorgeführt, dem die Azteken durch Menschenopfer huldigten.

Da ich mit diesen Märchen abgespeist wurde, habe ich ihn lange Zeit für den einzig Verantwortlichen an unserem Unglück gehalten. Er war an allem schuld: am Scheitern meines Vaters, den Exzessen meiner Mutter, dem traurigen Ende meiner Großmutter Olga, der Depression und dem Tod meines Bruders Pablito. Ich habe es ihm verübelt, dass er sich je in unser Leben eingemischt hat und uns dermaßen im Stich ließ. Ich konnte nicht verstehen, warum Pablito und ich ihn nicht ganz einfach besuchen durften. Ich konnte nicht verstehen, dass er überhaupt kein Interesse an seinen Enkelkindern zeigte, wo wir nichts weiter wollten als einen Hauch von Zuwendung.

Heute wird mir klar – und darum wollte ich dieses Buch schreiben –, dass mein Großvater uns gestohlen worden ist. Anstatt dass wir uns fröhlich und frei einen Platz in seinem Leben erobert hätten, hat uns die mangelnde Verantwortung eines Vaters, einer Mutter, aber auch einer besitzergreifenden Ehefrau einer Zuneigung beraubt, um die Pablito und ich bei jedem Besuch gebettelt haben.

Wie hätte dieser Gott auf Erden, der in einer solchen Atmosphäre der Servilität gefangen war, sich vorstellen sollen, dass sich hinter jedem unserer Besuche in La Californie ein Hilfeschrei verbarg?

Es hätte genügt, dass Picasso nur für einen Moment von seinem Olymp heruntergestiegen wäre, um für den Augenblick einer zärtlichen Geste ein Großvater wie alle anderen zu werden.

Er konnte es nicht. Eingesponnen in sein Werk hatte er jeden Kontakt zur Wirklichkeit verloren und sich in eine innere Welt zurückgezogen, zu der es keinen Zugang gab.

Dieses Werk war seine einzige Sprache, seine einzige Sicht der Welt. Schon als Kind war er in ein autistisches Universum eingesperrt. In der Schule in Malaga zeichnete er, während die anderen Schüler dem Unterricht des Lehrers folgten, unablässig Tauben und Stierkämpfe in seine Hefte. Wenn die Lehrer ihn tadelten, reagierte er mit Verachtung. Seine Zeichnungen waren mindestens ebenso gut wie der Unterricht in Mathematik, Spanisch oder Geschichte.

Wie ein Vielfraß verschlang er das Leben, die Dinge und die Menschen. Ein Kieselstein, ein Stück Holz, eine Tonscherbe oder ein Ziegelstein wurden unter seinen Händen zu einer Schöpfung. Morgens machte er einen Dauerlauf. In kleinen Schritten lief er hinter dem Auto her, das Jacqueline steuerte. Auf dem Weg warf er ein Stück Eisendraht, einen Sattel, einen Fahrradlenker, lauter Dinge, die er in den Papierkörben am Wegesrand fand, auf den Rücksitz des Wagens. In seinem Atelier wurden Eisendraht, Sattel und Fahrradlenker bearbeitet und verwandelten sich in eine Eule, in eine afrikanische Maske oder einen Minotaurus.

Unter Picassos Händen wurde alles zu einem Kunstwerk.

Dasselbe galt für die Frauen, die das Privileg – oder das Unglück – hatten, in seine Fänge zu geraten. Hatten sie sich einmal seiner animalischen Sexualität ausgeliefert, bändigte er sie, verzauberte sie und zermalmte sie auf seiner Leinwand.

Wie ein Skalpell durchbohrte sein magnetischer Blick die Realität, bearbeitete sie, nahm sie auseinander. Unter seinem Pinsel, seinen Fingern, beugten sich die Farben, der Ton, die Bronze, das Metall seiner Kraft. Er bändigte die Frauen und das Material, um sich alle und alles untertan zu machen.

Er hat fast ein Jahrhundert durchlebt, aber er lebte nicht wie seine Zeitgenossen. Übrigens begegnete er ihnen nicht. Das Leben war für ihn ein Zeichenbuch, ein Bilderbuch, das er selbst mit seiner sprühenden Kreativität »skizziert« hatte.

Er bildete die Welt nicht ab, er machte die seine zum Maßstab.

Sein Leben lang und in allen Perioden seiner Malerkarriere suchte er danach, das Vergängliche festzuhalten, den Augenblick zu erfassen. Er malte nicht, er zeichnete nicht, er skulptierte nicht, er ergoss sich, er befreite sich von all dem, was er wahrnahm und empfand. Er sezierte seine Seele. Scham und Schamlosigkeit, Vitalität und Tod, Grausamkeit und Empfindsamkeit, Provokation und Naivität, all diese Saiten brachte er zum Klingen, versetzte er mit einer Intensität in Vibration, die auf alle ausstrahlte, die ihm nahe kamen.

Und die er wie ein Blitzstrahl traf.

Gnadenlos betrieb er diese Suche nach dem Absoluten. Dabei interessierte ihn die Wahl der Waffen kaum, er musste kämpfen wie Don Quijote, seine Rache an einer Welt üben, die er beherrschen wollte.

»Ein gutes Gemälde muss voller Rasierklingen sein«, hat er einmal gesagt.

Dieser kleine Mann von knapp einem Meter sechzig war »Yo Picasso«, Ich Picasso. Wie ein Torero, der im Sand der

Stierkampfarena den Ruhmesglanz sucht, fürchtete auch er als einziges den Tod. Sein Degen war der Pinsel. Seine Muleta die unberührte Leinwand.

Weder mein Vater noch meine Mutter noch Pablito und ich konnten verstehen, in welcher Isolation dieser Matador seine Kämpfe ausfocht. Niemand hatte Zugang zu seiner Corrida. Zu seinem ewigen Kreuzzug.

Wer waren wir denn, dass wir es wagten, in seine Arena einzudringen? Welche Unverschämtheit, von diesem Mann etwas zu verlangen, worauf er verzichtet hatte, um sich ganz seiner Kunst zu widmen: Familie, Zärtlichkeit, menschliche Beziehungen. Die tausend Belanglosigkeiten, die das Alltagsleben einer traditionellen Familie ausmachen.

Wie soll man ihm übel nehmen, dass er uns Kinder, Pablito und mich, nicht hat sehen wollen. Die Kindheit wie alles übrige sollte ausschließlich seine Schöpfung sein.

»Mit acht Jahren war ich ein Raffael«, hat er gesagt. »Ich habe ein ganzes Leben gebraucht, um wie ein Kind zu malen.«

Wir waren Rivalen.

Nichts von alledem, was auf der Skala der Gefühle üblicherweise eine Rolle spielt, hatte für ihn Bedeutung. Er liebte das Geld, um davon Häuser zu kaufen, in denen er malen konnte. Er verkaufte sie wieder, wenn sie nicht mehr ausreichten, um seine neuen Werke aufzunehmen. Er mochte es nicht, sich zum Essen an den Tisch zu setzen. Das war vergeudete Zeit, die er für seine künstlerische Arbeit brauchte. Er verachtete all die Eitelkeiten, die mit Reichtum verbunden sind. In seinen abgewetzten Kleidern hätte man ihn für einen Clochard halten können. Der ganze Hofstaat, der sich ständig drängte, um den Meister zu besuchen, war ihm völlig egal. Er nannte ihn seinen »Froschteich«.

Am Ende seines Lebens, als er nur noch allein sein wollte, um mit seinen letzten Kräften künstlerisch zu arbeiten, hatte er alle aus seiner Umgebung verbannt.

Wir gehörten dazu.

Meine Analyse hat mir ermöglicht, heute einen Großvater zu entdecken, den ich nicht gekannt habe. Ich wartete darauf, dass er das Gartentor öffnete, hinter dem er sich verschanzt hatte. Vielleicht hat er darauf gehofft. Ich werde es niemals wissen. Vielleicht war in dem Augenblick, wo er es hätte tun können, das Gartentor zu schwer für ihn und er schon zu erschöpft.

Wer war also am Ende egoistischer, Picasso oder ich?

Eingesperrt in Notre-Dame-de-Vie ist er so allein gestorben, wie er gelebt hat. Allein, wie er es gewollt hat.

Er hat einmal diesen grausamen Satz gesagt:

»Wenn ich einmal sterbe, wird es ein Schiffbruch sein, und wenn ein großes Schiff untergeht, werden einige Menschen im Umkreis vom Strudel mitgerissen.«

Es stimmt, viele sind vom Strudel mitgerissen worden: Pablito, mein unzertrennlicher Bruder, der zwei Tage nachdem mein Großvater in Vauvenargues beerdigt worden war, Selbstmord beging.

Mein Vater, dieser zerbrechliche Riese, ist zwei Jahre später wie ein unglücklicher Waise gestorben.

Marie-Thérèse Walter, die untröstliche Muse, hat sich an der Decke ihrer Garage in Juan-les-Pins erhängt.

Auch Jacqueline, die Gefährtin seiner letzten Tage, hat sich das Leben genommen. Sie starb durch eine Kugel in die Schläfe.

Und Dora Maar, sie starb etwas später im Elend inmitten von Picasso-Gemälden, die sie um keinen Preis verkaufen wollte, um die Anwesenheit des Mannes für sich zu bewahren, den sie vergöttert hatte.

Auch ich hätte zu den Opfern gehören können. Wenn ich immer noch da bin, so verdanke ich dies meiner Lebensgier und dem Kampf gegen einen Großvater, von dem ich geträumt habe …

Und der nicht da war.

Sechzehn

Wie ein Seemann, der nach einem abenteuerlichen Leben in seinen Hafen eingelaufen ist, habe ich meinen Rucksack abgestellt. Ich will ihn nicht mehr auf den Schultern tragen. Er ist viel zu schwer. Zu schwer und zu schlecht gepackt.

Sitzend – und nicht mehr auf der Couch liegend – befinde ich mich im Büro von Monsieur Duvanel, meinem Psychotherapeuten, und kann endlich für mich selbst entscheiden.

Ich bin Marina Picasso.

»Ist in Ordnung«, hat der Analytiker lediglich geantwortet.

Er hat verstanden, dass ich bereit war, eine Seite umzuschlagen.

Eine Seite über den Schmerz.

Das Wichtigste in meinem Leben sind Gaël und Flore, meine beiden Kinder, denen ich mich in meinen »schwarzen Jahren« nicht in vollem Umfang habe widmen können. Ich möchte ihnen neu begegnen, ihnen etwas klarmachen, ihnen helfen, mich zu verstehen. Ganz langsam, Schritt für Schritt. Wie eine Genesende. Sie sollen wissen, wie sehr ich mich darum bemüht habe, ihnen die Liebe zu geben, die sie verdient haben, selbst wenn diese Liebe mit inneren Qualen, Schmerzen und Angst bezahlt war.

Gaël, du sollst wissen, dass du dazu in der Lage bist, dich in deinem Leben beliebt zu machen. Das Rezept ist einfach. Sei du selbst und spiele niemals ein falsches Spiel. Zukunft und Utopie passen nicht gut zusammen. Den Namen Picasso zu tragen, ist alles andere als eine Auszeichnung. Nimm lieber den Namen Gaël. Im Irischen, hat man mir gesagt, bedeutet er »der Tapfere«.

Erweise dich dieses Namens würdig.

Flore, du überraschst mich immer wieder. Ob du auf deinem Pferd sitzt oder sonst in deinem Leben umhergehst, du überwindest alle Hindernisse. Meisterlich, glänzend und immer einfach.

Dieses »einfach«, das ich so liebe und worauf ich so stolz bin.

Wenn du eines Tages möchtest, dass ich mit dir die Seiten durchblättere, die ich bisher weiß gelassen habe, dann mache mir bitte keine Vorwürfe. Es würde dir sehr weh tun, all das anzuhören, was ich in deinem Alter habe durchmachen müssen.

China, Afrika, Russland … Gemeinsam entdeckten meine Kinder und ich die Welt und die Bilder, die wir mit voller Wucht in uns aufnahmen, brachten uns zusammen, ließen uns miteinander verschmelzen. Das Glück, das sie empfanden, das Glück, das sie mir bereiteten, steigerte meine Muttergefühle. Während ich ganz allmählich wieder in diese Welt hineingeboren wurde, kam in mir auch zunehmend der Wunsch auf, weitere Kinder zu haben. Gaël und Flore, damals sieben und acht Jahre alt, fanden die Idee großartig. Auch sie wollten eine größere Familie mit Brüdern und Schwestern haben.

»Und wenn du welche adoptierst?«

»Das würde ich gern, wenn ihr damit einverstanden seid.«

»Ja, wir sind einverstanden!«

Wir haben einen Pakt geschlossen.

Monique, die Mitarbeiterin im Reisebüro Kuoni, die alle unsere Reisen organisiert hat, ist zu uns zum Abendessen gekommen und hat einen vietnamesischen Freund mitgebracht. Dieser Freund namens François hat seine gesamte Ausbildung in Frankreich gemacht und immer die Beziehungen zu seinem Vaterland aufrechterhalten. Er ist so dermaßen höflich und freundlich und spricht mit einer solchen Leidenschaft von seinem Vietnam, dass ich mich ermutigt fühle, mit ihm über mein Adoptionsvorhaben zu sprechen. Er hört mir zu, stellt weitere Fragen und erklärt mir – nach diesem Gespräch, das man durchaus ein Verhör nennen könnte –, dass ich seiner Meinung nach keinerlei Schwierigkeiten haben würde, wenn ich mich entschiede, ein vietnamesisches Kind zu adoptieren.

»Es gibt so viele Kinder, die eine Familie suchen. Es gibt so viele, die sterben …«

In Ho-Chi-Minh-Stadt kennt er eine Ärztin im Kinderkrankenhaus Grall, dem ehemaligen französischen Militärhospital von Saigon. Er will mit ihr über mich sprechen.

»Wer ist das?«

»Madame Hôa gibt einen Teil ihres Vermögens dafür aus, benachteiligten Kindern in Ho-Chi-Minh-Stadt zu helfen. Sie ist lange Zeit Gesundheitsministerin gewesen. Heute ist sie in der Forschung tätig und versucht, die Lebensbedingungen der Jungen und Mädchen, die sie in ihrer Einrichtung versorgt, zu verbessern.«

»Wann kann ich mich mit ihr treffen?«

»Ich fahre in ein paar Tagen nach Vietnam. Sobald ich zurück bin, werde ich mit Ihnen Kontakt aufnehmen.«

Ich musste also nur noch warten.

Madame Hôa erwartet mich mit Gaël und Flore. Als François ihr von meinem Plan erzählte, hat sie sofort alle Hebel in Bewegung gesetzt, um mir meinen Wunsch zu erfüllen. Sie hat einen Säugling für mich.

Wie François hat auch sie in Paris studiert. Glückliches Zusammentreffen oder schlechtes Vorzeichen, jedenfalls hat der Zufall es gewollt, dass sie meinen Großvater in den fünfziger Jahren kennen gelernt hat. Sie beide gehörten damals zu derselben Zelle der Kommunistischen Partei im XIII. Arrondissement.

Der Flughafen von Ho-Chi-Minh-Stadt. Der Zoll mit seinen Schikanen. Gaël und Flore sind sehr aufgeregt. Und ich mit meiner Ungeduld. Schon bald werde ich das Kind in meinen Armen halten, das ich mir so sehr wünsche, das Kind meiner Auferstehung.

Es wird Florian heißen.

Wir werden in einem Kleinbus abgeholt und lernen

die Straßen von Ho-Chi-Minh-Stadt kennen, die buntgewürfelten Häuser, die Buden der Handwerker, die geschäftige Menge, die Farben, die Düfte: Es riecht nach Gewürzen, nach Muskat, nach feuchter Luft.

Gerüche des Paradieses …

Am anderen Ende der Stadt erwartet uns ein kleines Kind.

Die Säuglingsabteilung des Grall-Hospitals hat soeben ihre Tore geschlossen. Um den kleinen Florian zum ersten Mal zu sehen, müssen wir am nächsten Morgen wieder kommen. Ich bin enttäuscht. Eine Nacht ist so lang, wenn man so lange von Hoffnungen gelebt hat und das Vertrauen schon so häufig enttäuscht worden ist.

Endlich ist Florian da, winzig klein und schwächlich. Frau Doktor Hôa hat ihn aus dem Waisenhaus Gô Vap abholen lassen, um ihn zu versorgen, bevor er an mich übergeben wird. Seine Gliedmaßen sind ganz abgemagert. Sein Bauch ist aufgedunsen wie ein Ballon, wie bei allen Kindern, die an Unterernährung gelitten haben. Er ist knapp drei Monate alt, aber er schaut ganz lebhaft zwischen seinen schmalen Lidern hervor.

»Die Augen von Picasso«, sagt Madame Hôa zu mir.

Ich lächle. Die Augen von Picasso: ein Erbe, das mich mit Freude erfüllt.

Mir bleiben nur wenige Tage, bis ich nach Frankreich zurückkehre und Florian in meinen Armen mitnehme. In der Zwischenzeit sehe ich mir auf Vorschlag von Madame Hôa verschiedene Waisenhäuser und Krankenhäuser an, für die sie zuständig ist. Ich erfahre von ihr, dass es allein in Ho-Chi-Minh-Stadt schätzungsweise 21 000 verlassene Kinder gibt, die auf der Straße leben und sich selbst überlassen sind. Nur 1500 von ihnen sind mittlerweile namensmäßig erfasst worden.

Waisenhäuser, Krankenhäuser und Hospize, alle in erbärmlichem Zustand, in denen sich Kinder, Greise und Kranke zusammendrängen. Armut und Elend und, mangels Geldes, beklagenswerte hygienische Zustände. Mir blutet das Herz. Ich muss etwas tun, aber mir bleibt nur noch so wenig Zeit.

Ich nehme Kontakt mit dem Volkskomitee, den Vorsitzenden der Kommunistischen Partei, den Sozialämtern auf. Ich setze Himmel und Erde in Bewegung. Dieses Land hat mir ein Kind geschenkt, ich bin es mir schuldig, Hilfe zu leisten.

Mein Name wirkt sich zu meinen Gunsten aus. In meiner Eigenschaft als Enkelin des Genossen Picasso hören meine Gesprächspartner mich an und machen mir Mut. Sie profitieren von meiner humanitären Aktion, und sie wollen sich daran beteiligen.

»Um eine Schale Reis zu kochen, benötigt man Hitze und die entsprechenden Körner«, sagt ein asiatisches Sprichwort.

Der Beamte vom Sozialamt, der für die Gesundheitsprobleme im Süden des Landes zuständig ist, schlägt mir vor, ein Terrain in Thu Duc in der nördlichen Umgebung von Ho-Chi-Minh-Stadt zu besichtigen. Er weiß, dass ich ein Dorf bauen möchte, in dem benachteiligte Kinder leben können. Ich weiß noch nicht genau, wie ich meinen Plan verwirklichen kann, aber ich möchte, dass mein Vermögen etwas Nützlichem dient. Ich bin nicht Mutter Theresa, aber das Leid der Waisenkinder, das ich in den Institutionen zu Gesicht bekommen habe, die ich mit Madame Hôa zusammen besichtigen konnte, ist für mich unerträglich geworden. Ich muss mich mit Haut und Haar einsetzen und versuchen, das Beste für sie zu tun.

Thu Duc, ein ehemaliges Militärgelände von fünftausend Quadratmetern, ein morastiger Boden voller Schlammlöcher, ganz und gar überwuchert von subtropischer Vegetation: mit wild wachsenden Mangroven, Bambusgehölzen und Palmen. Am Rand des Sumpflandes ein halb zerfallenes Gebäude und ein Waisenhaus mit bröckelndem Gemäuer, das vom Salpeter völlig zerfressen ist.

Auf meine Bitte hin lässt mich der Leiter des Sozialamtes das Waisenhaus aus der Nähe betrachten. Vor der Tür spielen die Waisenkinder Ball, wie es alle Kinder auf dieser Welt tun. Im Inneren finde ich in einem großen Zimmer einen kleinen Jungen im gestreiften Pyjama, der mich anschaut. Sein Kopf ist kahl, sein Gesicht ausgemergelt und seine Augen von erschütternder Traurigkeit. Er weiß, dass er an Krebs sterben wird, der ihn zerfrisst. Er ist knapp acht Jahre alt.

Es ist beschlossene Sache, nachdem die vietnamesischen Behörden ihre Zustimmung gegeben haben, dass Thu Duc ein »Dorf der Jugend« werden soll.

Dass dieses Dorf heute existiert, verdanken die dreihundertfünfzig Kinder, die dort in Würde leben, Florian, dem kleinen Jungen im gestreiften Pyjama und vor allem meinem Bruder Pablito.

Erinnerungen können Wunder bewirken, genauso wie Blicke.

Rückkehr nach Frankreich mit Florian, der sich auf meiner Brust zusammengerollt hat. Zwischen seinen zur Faust geballten Fingern der rechten Hand der Zeigefinger von Gaël, zwischen denen der linken Hand der kleine Finger von Flore.

Durch die Bullaugen des Flugzeugs sieht man die Wolken wie Zugvögel ziehen.

Cannes und La Californie haben ihre Tore weit geöffnet, um Florian in Empfang zu nehmen. La Californie mit seinem Lachen, das durch alle Zimmer hallt. La Californie für eine Kindheit, die die meine und die Pablitos hätte sein können: eine Kindheit voller Zuwendung.

»Um wie viel Uhr wacht das Baby auf?«

»Wann badest du das Baby?«

»Hast du an Babys Fläschchen gedacht?«

Das ständige »Baby«, das Gaël und Flore in Begeisterungsströmen über der Wiege des kleinen Florian ausschütten, regt mich an und gibt mir Kraft. Es warten noch andere Babys in Vietnam auf mich. Ich muss mich beeilen.

Zwischen zwei Besuchen im Krankenhaus von Lenval, wo ich Florian untersuchen lasse, bespreche ich mich mit dem Architekten, der die Umbauten von La Californie für mich vorgenommen hat. Ich händige ihm die Pläne aus, die die vietnamesischen Behörden mir übergeben haben, damit er – in Zusammenarbeit mit einem Architekten aus Ho-Chi-Minh-Stadt – die Pläne für das »Dorf der Jugend« ausarbeiten kann. Ich möchte, dass er in Thu Duc Häuser baut, aber sie sollen auf keinen Fall so aussehen wie Kasernen, sondern es sollen einzelne kleine Häuser sein, jedes mit einer Küche, einem Badezimmer, einem Esszimmer und Schlafzimmern. Ich möchte außerdem eine Schule, eine Sporthalle, ein Stadion, ein Schwimmbad und einen Park haben. Ich möchte … ich möchte … ich möchte, dass die Kinder, die dort wohnen werden, dort eine Familie, ein Zuhause finden. Die Liebe, die sie bisher nicht kennen gelernt haben.

Da Leben ist ihnen das schuldig.

Rückkehr nach Vietnam, wohin mein Schicksal mich geführt hat. Auch diesmal sind Gaël und Flore dabei, um die Sache mit mir gemeinsam in die Hand zu nehmen. Wir haben beschlossen, weitere kleine Kinder zu adoptieren. Und wenn ich sie so höre, können es gar nicht genug kleine Kinder sein. »Babys«, wie sie sagen.

Ho-Chi-Minh-Stadt. Am Flughafen hat man am Fuß der Gangway einen roten Teppich ausgerollt, und dort werden wir unter der roten Fahne mit den gelben Sternen von den höchsten Würdenträgern des Landes erwartet. Nicht mir zu Ehren sind sie gekommen, sondern um meinem Großvater Ehre zu erweisen, dem Vater der *Taube*, der Taube aus dem Gemälde *Guernica*.

»Genossin Picasso, hatten Sie eine gute Reise?«

»Genossin Picasso, dieses Land ist das Ihre.«

Ich bin ein Kind dieses Landes.

Während die Architekten und ihre Arbeiter den ersten Spatenstich auf der Baustelle setzten, die sechs Monate später den ersten Abschnitt des »Dorfes der Jugend« bilden wird, empfängt mich Madame Hôa im Krankenhaus Grall, wo ein kleines Mädchen von eineinhalb Jahren namens May auf mich wartet. Genau wie Florian ist May ein Heimkind aus dem Waisenhaus von Gô Vap. Genau wie Florian hat May schwere Schädigungen durch Unterernährung davongetragen. Ihre einzigen Bezugspersonen sind die Krankenschwestern und das Personal von Gô Vap und dem Krankenhaus Grall. Sie will nicht, dass ich auf sie zugehe, sie will nicht aus ihrem Kokon herauskommen. Sie schlägt um sich und schreit. Ich muss sie beschwichtigen, muss vorsichtig sein, sie nicht zu verschrecken. Ich weiß, wie schwer das ist, sich von seinen Wurzeln zu lösen, Wurzeln, die seit ihrer Geburt nur aus dem Unglück schöpfen. Das ist der einzige Lebenssaft, den sie bisher kennen gelernt hat.

Mein Leben ist aufgeteilt zwischen Vietnam und Europa. Das »Dorf der Jugend« ist 1990 fertiggestellt worden, aber ich möchte sein Umfeld gerne noch erweitern und das Militärgebiet, das sich rundum erstreckt, dazukaufen. Und wieder geht es los mit der Arbeit, wieder mit demselben Elan, mit demselben Vertrauen. Parallel dazu kümmert sich meine Stiftung darum, regelmäßig mehrere Tonnen Milch zu verschicken, die für Kinder in den Waisenhäusern und Hospitälern von Ho-Chi-Minh-Stadt bestimmt sind, sie sorgt dafür, dass in den Dörfern im Inneren des Landes artesische Brunnen ausgehoben werden, sorgt für die Bereitstellung eines Budgets, um ein

Dorf für alte Leute und Kriegsveteranen zu finanzieren, damit sie ihren eigenen Ackerbau und ihre Viehzucht betreiben können. Sie trägt dazu bei, dass zweihundert Studenten von der Universität Dadat im Nordwesten von Ho-Chi-Minh-Stadt ein Stipendium bis zum Ende ihres Studiums erhalten. Angesichts der Baufälligkeit der Kinderkrankenhäuser und ihrer unzureichenden medizinischen Ausrüstung kümmert sich meine Stiftung, mit zusätzlichen Subventionen aus Frankreich versehen, darum, Kinderkrankenhaus Nr. 1 und Kinderkrankenhaus Nr. 2 in der Hauptstadt wieder aufzubauen, aber auch einen Flügel mit Operationssälen und einem Reanimationssaal zu finanzieren. Schließlich wollte ich auch Madame Hôa meine Referenz erweisen und habe Gô Vap modernisieren lassen, wo ich Florian und May in Empfang genommen habe. Im Einverständnis mit den Behörden habe ich die Innenausstattung und den Anstrich erneuert und das Mobiliar ausgewechselt. Schneidereien sind damit beschäftigt, Kleider für die kleinen Heimbewohner zu nähen. Es sind überdachte Innenhöfe gebaut worden, damit die Kinder auch in der Regenzeit draußen spielen können.

Ich mache das, was mir notwendig erscheint und was mir am Herzen liegt. Ich kalkuliere dabei nicht. Ich setze auf das, was am dringlichsten ist.

Wie Picasso gesagt hat, ich suche nicht, ich finde.

Eine weitere Reise nach Ho-Chi-Minh-Stadt, diesmal mit Gaël, Flore und May, die inzwischen zweieinhalb Jahre alt ist. Florian, zwanzig Monate alt, ist in Frankreich geblieben. Gemeinsam sind wir in ein Waisenhaus gefahren, das von Terre des Hommes geführt wird, um Dimitri abzuholen.

Dimitri. Als ich Dimitri zum ersten Mal sah, habe ich gewusst, wie in einem Liebesroman, dass er der Richtige war, das neue Kind, das in den Schoß unserer Familie aufgenommen werden sollte. Dimitri wurde ausgesetzt, als er drei Tage alt war, und bisher hatte er von der Welt noch nichts gesehen. Die geringfügigsten Dinge, ein Vogel, der am Fenster seines Zimmers vorbeiflog, ein Windstoß in einer Baumkrone, das Geräusch eines Autos in der Ferne, all das schien ihn zu faszinieren. Den Zeigefinger in die Höhe gestreckt zeigte er sein Erstaunen über diese kleinen Wunder, und die entzückten »Ohs« aus seinem Kindermund waren für mich eine so zärtliche Musik, dass ich beschloss, ihn unter meine Fittiche zu nehmen. So kam es, dass wir ihn mit Glanz und Gloria abholen fuhren, nachdem er in der Fondation Carpentier in Ho-Chi-Minh-Stadt untersucht worden war. Er war fünfzehn Monate alt, weigerte sich aber zu laufen und klammerte sich lieber an mich wie ein Ertrinkender an seinen Rettungsring. »Die Arme … die Arme …« waren die einzigen Worte, die er monatelang herausbrachte. Sie waren für ihn weit geöffnet.

Heute, da ich dank meiner Analyse den Rubikon überschritten habe, sehe ich alles mit anderen Augen, aber das konnte ich noch nicht, als meine beiden älteren Kinder Gaël und Flore noch klein waren. Ich habe sie unsagbar und verzweifelt geliebt. Mit einer animalischen Liebe, mit einer maßlosen Liebe.

Meinen Adoptivkindern May, Dimitri und Florian bringe ich vor allem eine Liebe entgegen, die ihnen, wie ich hoffe, helfen wird, ein Selbstbewusstsein aufzubauen. Jeden Morgen, bevor sie zur Schule gehen, bin ich bei ihnen, um zu sehen, ob sie sich ordentlich die Zähne geputzt haben, die richtigen Schuhe anhaben, dem Wetter entsprechend gekleidet sind. Ich mache ihnen Frühstück, frage sie ihre Schulaufgaben ab, überprüfe ihre Schultasche oder ihre Sporttasche. Das mag sich übertrieben anhören, aber ich halte diese Gesten der Liebe, die ich selbst nie kennen gelernt habe, für äußerst wichtig.

Das also ist mein Leben. Da es mich zu seinem Fest geladen hat, habe ich getan, was ich konnte und was ich glaubte, tun zu müssen. Manchmal gut, manchmal schlecht.

»Wenn ich kein Blau habe, dann nehme ich Rot«, sagte Picasso, mein Großvater.

Ich war gezwungen, sämtliche Farben zu verwenden, die das Schicksal für mich vorgesehen hatte. Einige waren Grundfarben, andere Komplementärkontraste. Klare Farbtöne und Halbtöne, mag sein, dass mein Leben wie ein Kunstwerk gewesen ist, aber ich hoffe, dass meine Kinder es nicht danach beurteilen werden, wenn sie es wie ein Bild an der Wand ihrer Erinnerung aufhängen.

Gaël hat mich aus London angerufen. Er erwartet mich in der nächsten Woche.

Flore und ihr Verlobter Arnaud wollen mich morgen besuchen, wenn sie ihre Pferde im Reitstall von Mougins versorgt haben.

Florian, elfeinhalb Jahre alt, ist in seinem Judokurs.

Heute Morgen hat er mir seine Zukunftspläne verraten. Er möchte Koch werden, und wenn daraus nichts werden sollte, dann Pilot beim Düsenjägergeschwader.

May, zwölf Jahre alt, möchte Französischlehrerin oder Filmstar werden.

Dimitri, zehn Jahre alt, möchte Pilot werden oder aber Architekt, falls die Fluggesellschaften streiken.

Es ist fünf Uhr nachmittags. Die Sonne geht langsam über den Îles de Lérins unter.

Mir geht es gut. Dermaßen gut.

Die Originalausgabe erschien 2001 unter dem Titel
Grand-Père
bei Editions Denoël, Paris

Der List Verlag ist ein Unternehmen
der Econ Ullstein List Verlag GmbH & Co. KG

ISBN 3-471-78443-8

Gesetzt aus der Bembo bei Franzis print & media, München
Druck und Bindung: Bercker, Kevelaer